'기억'과 살다

여자근로정신대와 일본군'위안부' 피해 생존자 강덕경의 일생

"KIOKU" TO IKIRU: MOTO 'IANFU' KANG DUK-KYUNG NO SHOGAI
by Toshikuni DOI
ⓒ Toshikuni DOI 2015, Printed in Japan
Korean translation copyright ⓒ 2022 by Sunin Publishing
First published in Japan by Otsuki Shoten
Korean translation rights arranged with Otsuki Shoten through Imprima Korea Agency

'기억'과 살다
여자근로정신대와 일본군'위안부' 피해 생존자 강덕경의 일생

초판 1쇄 인쇄 2022년 10월 12일
초판 1쇄 발행 2022년 10월 24일

지   음 | 도이 도시쿠니(土井敏邦)
옮   김 | 윤명숙

발행인 | 윤관백
발행처 | 선인

등   록 | 제5 - 77호(1998.11.4)
주   소 | 서울시 양천구 남부순환로 48길 1(신월동 163-1) 1층

전   화 | 02)718 - 6252 / 6257
팩   스 | 02)718 - 6253
E-mail | sunin72@chol.com

정 가 15,000원
ISBN 979-11-6068-742-2 03990

· 잘못된 책은 바꿔 드립니다.
· 무단전재와 무단복제를 금합니다.

'기억'과 살다

여자근로정신대와 일본군'위안부' 피해 생존자 강덕경의 일생

도이 도시쿠니(土井敏邦) 지음 | 윤명숙 옮김

선인

고향, 진주 남강

내가 살던 위안소

배를 따는 일본군

악몽 - 물에 빠짐

빼앗긴 순정

『기억'과 살다』라는 제목으로 번역한 이 책은, '여자근로정신대와 일본
군'위안부' 피해 생존자 강덕경의 일생'이라는 부제를 달고 있다. 저널리스
트 도이 도시쿠니(土井敏邦)가 쓴 이 책은, 일본에서『"記憶"と生きる 元「慰
安婦」姜德景の生涯』[1]라는 제목의 원서와 동일한 이름의 다큐멘터리 영화와
함께 2015년에 발간되었다. 저자가 '시작하며'에서 밝혔듯이, 1998년에 초
고가 완성되었고, 강덕경 사후에 추가 조사를 더해서 2015년에 발간될 때,
저자는 일본군'위안부'문제 해결을 위해 일본인 독자에게 경종을 울리기 위
해서 강덕경을 가장 잘 드러내기 위한 제목과 부제를 선택했을 것이다.

한국에서 이제 번역되어 발간되는 이 책의 부제에는, 원서에는 없던
'여자근로정신대'가 추가되었다. '강덕경의 일생'은 초고 완성과 발간 연도
를 기준으로, 각각 길게는 34년, 짧게는 7년이라는 시간의 터널을 지나
2022년 지금에서야 한국 독자 앞에 모습을 드러냈다. 이 책이 한국에 소

---

1 한국에서는 「기억'과 함께 산다」라는 제목으로 다큐멘터리 영화가 2016년 제8회 디
엠제트(DMZ)국제다큐멘터리영화제에서 처음으로 소개되었다. https://movie.
daum.net/moviedb/main?movieId=94541(2022.08.31.검색)

개되는 의의는 무엇일까? 강덕경은 어쩌면, 가감 없이 드러난 자신의 일생이 한국에서 어떻게 읽힐지 긴장한 채, 그러나 예의 날카로운 눈매로 우리의 생각을 꿰뚫어보겠다는 듯이, 말없이 우리를 지켜보고 있을 것만 같다. 1997년 2월 2일, 한일 간 국민기금 논쟁이 한창 진행 중인 와중에, 특히 연초에 기금 측이 7명의 한국인 피해자에게 은밀하게 지원금을 건네준 것이 밝혀져서 한일 양국 정부 간에 불협화음을 야기하고, 시민단체와 피해자 간에, 또 기금을 수령하였거나 수령 의사가 있는 피해자와 기금에 반대하는 피해자 사이에 갈등과 분열이 들끓던 시기에, 향년 69세 강덕경은 '끝까지 싸워내지 않으면 안된다'는 유언을 남기고 세상을 떠났다. 그래서 강덕경 하면, 지금도 일본군'위안부'문제 해결 운동에서 곧잘 투사의 이미지로 소환되곤 한다. 그러나 이제는 운동으로 수렴되는 피해자로서가 아니고, 오롯이 강덕경이라는 인간에 집중해 보았으면 한다.

어떤 피해도, 피해의 정도를 시간의 장단으로 따질 수 없다. 그렇지만 피해를 가늠해보는 척도의 일환으로 사용할 수는 있을 것이다. 우리는 지금껏 강덕경을 전적으로 일본군'위안부' 피해자에 치중하여 기록하고 기억해 왔다. 이제 다시 살펴봐 보자. 강덕경이 여자근로정신대로 동원된 것은 1944년 6월 초순(6.3. 퇴학)이고 후지코시 공장에서 두 번째 도망에 성공한 것은 1945년 봄(3월쯤?)이라고 하니 여자정신대로 일했던 기간은 9개월 정도이고, '위안부' 피해 기간은 군위안소로 끌려간 1945년 4월경부터 1945년 8월까지로 치면 약 5개월 남짓이다. 기간으로만 보자면, 여자정신대 피해 기간이 더 길다. 그런데 우리는 왜 강덕경을 '위안부' 피해자로만 기억하고 있을까. 왜 여자정신대는 일본으로 동원된 방식 정도로 기억하고, 피해자로서는 우리들의 기억과 화두로는 그다지 논의되지 못하고 온 걸까.

이미 너무나 잘 알려진 대로, 1990년 전후부터 한국사회에서 일본군'위안부' 이슈는 상당히 주목받는 사회문제로 시작되어 정치·외교문제로 확대된 데 반해 여자근로정신대 피해는 대중에게 그다지 널리 알려지지 않았다. 1990년대 초입에는 정신대가 '위안부'를 의미한다고 생각해서 사실의 왜곡도 생겼었고,[2] 여자근로정신대 피해자들의 경우에는 순결이데올로기가 뿌리깊은 가부장적 한국사회에서 본인들이 '순결을 잃은 가치없는' 여성으로 비칠까봐 두려워하거나 오해로 인한 피해로 불안한 삶을 살기도 했기 때문에 오히려 주목받기를 꺼려한 측면도 있을 것이다. 그렇더라도 한국사회가 그들을 일제의 노동 동원 피해자로서의 측면에 그다지 주목하지도 관심주지도 않은 채 해방 70여 년을 보내온 것도 사실이다.

지금 이 시점에서, 강덕경의 일생에 주목하는 이유는, 일본군'위안부' 피해만이 아니고 일제하 조선여성이 겪어야 했던 또 하나의 피해를 기억하기 원하기 때문이다. 또 일본군'위안부' 피해가 하층계급의 여자들에게 집중된 피해였다는 사실은 이미 널리 알려져 있다. 여자근로정신대 피해는 어떠할까? 앞으로 개별연구가 한층 더 진전되어야 하겠지만, 피해자 숫자는 차치하고, 여자근로정신대 피해가 하층 계급에 국한된 것이 아니고 중층 계급 여성을 포괄할 수밖에 없는 구조를 가진 제국주의의 가해였다는 사실에 주목할 필요가 있다.

---

2 사실 왜곡의 배경에는, 여자근로정신대에 관한 연구가 거의 전무한 상태에서, 1990년대 초중반에 여자정신근로령(1944.8.23. 공포)이 '위안부'를 동원하는 근거법률이었다는 오해가 있었다.

◇ ◇ ◇ ◇

내가 그의 이름을 불러 주었을 때 / 그는 나에게로 와서 / 꽃이 되었다.

김춘수의 '꽃', 너무나 유명한 시다. 오늘 31년 만에 그때 그분의 이름을 쓰려고 하니, 이 시가 자동으로 떠올랐다. 이름이 주는 무게를 생각하니 그랬나 보다.

이전에 책을 내면서 나는, 김학순 여사가 '내 연구 인생을 바꾸어 놓았노라'고 고백한 적이 있다.[3] 1991년 9월 30일 김학순과의 인터뷰는 내게 그만큼 중요한 사건이었다. 그런데 그날 김학순을 만난 자리에서 나는 또 한 명의 피해자를 만났었다. 여자근로정신대 피해자였던 그는 익명이기를 원했다. 인터뷰를 위해 만난 자리에서, 그는 '위안부'로 오해받고 싶지 않다며, 김학순과 한자리에서 인터뷰하기를 꺼리며 거리두기를 원했다. 이제는 1990년대에 비하면 둘의 차이가 훨씬 널리 알려져 있지만, 그때는 정신대가 곧 '위안부'라고 알려져 있었던 때였다. 피해 당사자를 앞에 두고 한, 그의 말에 나는 내심 무척 놀랐고, 김학순 여사가 신경 쓰였다. 그때 김학순 여사가 조용하고 차분하게 '그러시라'고 대답했던 게 인상적으로 남아 있다. 그는 우연히 나의 본가 동네에 사는 이웃이어서 다음 날 둘이서 한 번 더 만났다. 그는 남편에게 자신이 정신대, 즉 위안부로 다녀왔다는 오해를 받아 힘들었던 결혼 생활 이야기를 들려주었다. 헤어질 때 그는, '인터뷰 때문에 자꾸 전화 오면, 가족들 신경 쓰이니까 앞으로 연락하지 않았으면 좋겠다'고 말했다. '알겠다'고 답했지만, 그때 나는 그의 두려움을 온전히 이해하지 못했던 것 같다.

---

3 윤명숙 지음, 최정원 옮김, 「한국어판 서문」, 『조선인 군위안부와 일본군 위안소제도』, 이학사, 2015, 7쪽. 이 책은 일본 아카시서점(明石書店)에서 2003년 발간된 옮긴이의 연구서 『日本の軍隊慰安所制度と朝鮮人軍隊慰安婦』를 한국어로 번역, 발간된 것이다.

그날로부터 31년이 지났다. 다시 그날의 취재 노트를 꺼내 보았다. 노트 첫 장에는 1930년 6월 14일 서울 출생, 덕수공립심상소학교, 고등과 2년, 1944년 7월, 도야마 현 도야마 시 후지코시강업(不二越鋼業)주식회사와 같은 글씨가 눈에 띄었다. 그가 살아 있다면 올해 89세다. 건재해 계실지도 모른다는 생각에 연락을 취해 보았지만, 취재 노트에 적힌 전화번호는 너무 오래되어 연락이 닿지 않았다. 다만 인터넷 검색에서 그의 증언이 실명으로 게재된 책을 발견하였다. 아~, 이제는 그의 이름을 밝힐 수 있겠구나 하는 생각이 가장 먼저 떠올랐다.

그의 이름은 양춘희다. 취재 노트에는 그의 필체로 창씨개명도 적혀 있다. 사노 하루에(佐野春枝). '하루에?' 그러고 보니 하루에는 강덕경의 창씨 이름이기도 하다. 후술하겠지만, 가네오카 하루에(金岡春枝)가 강덕경의 창씨개명이다. 양춘희에 관해서는 그날 이후 내 기억에서도 희미해져서, 여자근로정신대 피해자 정도로만 기억에 남아 있었는데, 메모를 다시 보면서, 이런 인연이 다 있구나 하는 생각이 들었다. 강덕경과 양춘희, 두 사람은 후지코시 공장에 동원되어 일하고 있던 시기가 겹친다. 양춘희는 1944년 7월에 출발했다고 증언하였고, 강덕경은 1944년 6월 3일에 후지코시 근로정신대 입대를 위해 퇴학한 사실이 성적고사부(成績考査簿)에 남아 있다. 매일신보 1944년 7월 4일 자 '감연(敢然)히 증산(增産) 전열(戰列)로 반도처녀(半島処女)들 대진군(大進軍)과 "몸뻬" 복장도 늠름 대기(隊旗)를 선두로 가두행진'이라는 제목의 기사에는 "인천부 출신과 경성부 출신 ○○명"이 7월 2일 오후에 장행회를 마치고 그날 밤에 경성을 출발하여 일본으로 향했다고 보도하고 있다. 메모를 보며, "후지코시라고?" 하는 독백이 저절로 새어 나왔다. 내 과거 어느 날엔가 점으로 존재한 경험이 '이렇게 연결이 되는구나...' 하는 생각이 스쳤다.

과거 같은 시기, 같은 장소에 있던 두 사람이 이후 어떻게 살아왔을까.

내가 아는 건, 양춘희는 여자정신대를 '선택'했던 까닭에 해방 후 결혼 생활에 힘든 시간들이 있었다는 것이고, 강덕경 역시 여자정신대를 '선택'한 후, 아니 누구에게나 그러한 것처럼, 살아오는 동안 끊임없이 크고 작은 '선택'을 한 자신의 결정을 통해 한평생을 살았다. 강덕경의 삶이 어떠했는지, 이 책을 통해서 독자들은 가늠할 수 있을 것이다. 한국사회에 알려진, 스테레오 타입의 일본군'위안부' 피해자상과 다른 강덕경을 만날 수 있을 것이다. 우리는 흔히 일본군'위안부' 피해자 하면 따라붙는 수식어 중에, 가장 대표적인 것이 "그녀는 혼자 살았고 결혼하지 않았다"[4]는 것이다. 이 책에서 우리에게 알려지지 않았고, 강덕경 본인 역시 속시원히 털어놓지 못했던 해방 이후의 삶이 드러난다. 그는 왜 털어놓지 못했을까? 이유는 간단치 않을 것이다. 다만 제3자적 입장 혹은 연구자 입장에서 말해보자면, 한국사회가 수용한 피해자상에서 벗어난 삶은, 강덕경뿐만 아니라, 적지 않은 피해자들이 침묵했거나 아주 가까운 사람에게만 털어놓을 수밖에 없었는데, 그 침묵 뒷면의 이야기는 그것 자체가 한국사회를 투영하는 거울이라고 할 수 있다. 결혼에 관련하자면 이른바 정상가족 이데올로기라는 스펙트럼에 통과되는 형태만을 인정하고 그 외의 '동거'라든가 '첩'이라는 형태는 단순히 형태 구분에서 그치는 것이 아니라 '불쌍한 피해자'라는 딱지를 붙여 해석한다. 한국사회가 일본군'위안부' 피해자들을 군인에 의한 '강제연행'이라는 동원방식이어야 '위안부'피해자로 인정하려는 수용자

---

4 배홍진, 『그림 속으로 들어간 소녀 – 한 일본군 위안부 할머니를 위한 대필 작가의 독백』, 멘토프레스(press), 2008, 17쪽. 이러한 표현은 비단 이 책에 국한되는 것이 아니다. 피해자에 관한 일반적인 인식이다. 이 점은 앞으로 좀더 상세한 통계와 분석 등 연구가 필요하다. 이 책은 작가가 강덕경의 사후에, 그의 삶의 궤적을 찾아 조사한 내용과 그림 감상을 중심으로 엮어 강덕경의 일생을 그리고 있는데, 사실과 작가의 문학적 상상을 엮은 책이다. 한 사람의 삶에 공감하며 그려내고자 한 시도는 높이 평가할 수 있다. 그러나 강덕경에 관한 사실 확인이 불가했던 한계를 감안하더라도, 스테레오 타입의 피해자상에 갇혀 있는 점과 위안소에서의 피해 상황이 되풀이 묘사되는 것은 성폭력 재현이라는 점에서 비판적 검토가 필요하다고 생각한다.

(한국사회를 포함한 증언 청취자)의 태도로 인해 일부 피해자의 동원 관련 증언 내용이 바뀌는 현상을 경험하였다. 이러한 현상은 피해자 자신의 문제라기보다 여성인권보다 사회인식을 우선하려는 운동이나 사회의 문제이다. 정상가족이데올로기나 스테레오 타입의 피해자상, 그리고 저자가 주장하는 것처럼 "집단으로 그려지기 쉬운 아시아 피해자" 또는 "얼굴이 보이지 않는 '집단'"에서 벗어나 '과장도 허식도 없는, 있는 그대로의 모습'으로서의 한 개인으로, 피해자를 기억하고 사유한다는 것이 무엇인가를 고민하도록 한다. 강덕경의 삶은 우리가 성찰하고 사유해야 할 과제를 던져 주고 있다.

◇ ◇ ◇ ◇

이 책이 한국인 독자에게 널리 읽히기를 바라는 이유 중 하나는 일반적으로 스톡홀름증후군이라고 알려진, '위안부' 피해자와 가해자 일본 군인에 대한 사랑이나 연애 감정에 관해 우리가 어떻게 이해하는 것이 바람직한가 하는 주제를 다루고 있기 때문이다(제4장). 일본군'위안부' 피해자가 가해자와 특정 감정을 갖는 에피소드는 강덕경에게만 국한된 이야기가 아니다. 일본군'위안부'의 '증언집'들을 읽다보면 종종 부딪치는 이야기다. 가깝게는 2020년 5월 이용수 기자회견으로 불거진 2차 가해의 소재(素材)도 피해자와 군인과의 '사랑'에 관한 것이었다.[5] 이와 관련해서 우리가 취해야 할 태도에 대해 전문가 소견을 이해하기 쉽도록 소개하고 있다. 그중에서 츠노다 유키코(角田由紀子) 변호사의 다음 발언은 매우 의미심장하다. (도망가는 강덕경을 붙잡고 강간하고 위안소로 보낸) "고바야시에게 특정 감정을 가졌

---

5 「일본군과 영혼결혼식…이용수 할머니 2차 가해, 도 넘었다」, 『중앙일보』, 2016.06.01. (https://www.joongang.co.kr/article/23790395#home 2022.09.02. 검색)

다는 것을 제대로 자리매김하는 일은 그녀를 한 인간으로 존중하는 것이기도 합니다." 우리에게 피해자를 대하는 태도에 관해 경각심을 일깨우는 말이다. 일본군'위안부' 피해자에 대한 스테레오 타입의 피해자상을 우리가 성찰해야 하는 이유이기도 하다.

◇ ◇ ◇ ◇

번역 작업을 위해 시작한 강덕경 조사를 하면서 깨닫게 된 사실 중 하나가 증언 검토 및 자료 조사의 미비이다. 증언집[6]에 실린 강덕경의 경우에도, 기초 사실에 대한 검토가 거의 이루어지지 못했다. 다른 어느 주제보다도, 일본군위안소제도 및 '위안부'에 관한 역사 연구에서 자료에 의한 검증이 매우 중요하다. 물론 자료 검증의 한계, 다시 말해 일제의 자료 소각 등 역사적 정황에 의해 불가피하다는 점도 있다. 그러나 사소한 사실이라도 자료 검증에 최선을 다하는 것은 필요하다. 이는 합리적 추론에도 힘이 더 실리기 때문이다. 예를 들어 강덕경 이름을 보자. 1992년 정부에 등록한 그는 증언집에 강덕경으로 소개되었다. 그런데 현재 접근 가능한 자료, 즉 그의 국민학교와 고등과 학적부와 성적고사부에는 '김'덕경으로 되어 있었다. 학적부의 '김'덕경이 우리가 알고 있는 '강'덕경이라는 사실은 이 책에서 남동생 병희가 증언하고 있다. 그런데 자료에서 강덕경은 1936년부터 1944년 사이에는 김덕경(가네오카 하루에)이다. 이유는 학적부에는 호주가 아닌, 보호자가 기재되어 있기 때문인 것으로 판단된다. 보호자로 올려진 사람은 모두 세 명이었다. 보호자는 외삼촌, 부친(모친의 재혼 상

---

6 한국정신대문제대책협의회, 정신대연구회 편, 『강제로 끌려간 조선인 군위안부들』, 한울, 1993.

대), 모친 순으로 변경되어 있는데, 모두 김씨이다. 그런데 해방 후 우리에게 강덕경으로 알려진 것으로 보아 그녀의 생부의 성이 강씨일 것이고 이는 구 호적을 확인하기만 하면 된다. 그럼에도 이렇게 간단한 질문에 자료가 답하는 것에는 한계가 있었다. 구 호적은 개인정보로 묶여 있기 때문이다. 2008년 강덕경에 관한 책을 낸 배홍진 작가는, 교무주임에게 강덕경 자료가 없다는 답을 듣고, "당시 행정상의 어떤 착오가 있어서 누군가 강덕경 할머니의 이름을 김덕경이나 진덕경으로 잘못 써서 기재했다 할지라도 지금으로선 알 수 있는 방법이 없었다"고 쓰고 있다.[7] 이 지점은 저자가 강덕경과 남동생 인터뷰에서 확인한 창씨개명으로 학적부 자료를 입수하였지만, 성에 대해서 깔끔히 해결한 것은 아니었다.[8] 만일 강덕경 살아생전에 자료 조사가 이루어졌다면, '강은 생부의 성이냐'는 아주 간단한 확인 한 번으로 끝났으련만 하고, 연구자로서의 자책이기도 한, 안타까운 생각이 들었다.

번역을 마치기 전에 나는 강덕경의 삶의 궤적을 따라가 보았다. 그리고 번역을 마치고 나는 두 가지 생각이 들었다. 하나는, 진주, 남원, 부산을 조사하면서 느낀, 해방 후 70년도 넘어서 하는 연구의 어려움이다. 또 하나는 강덕경이 살아생전에 함구했던 '그 이야기'를 읽으며, 그의 삶의 내면 어디까지를, 우리가 알아도 되는 내용에 속하는 것이라고 판단할 수 있을까 하는 생각이었다. 이러한 고민은 강덕경에 국한되지 않는다. 대개 가부장제도나 '성매매' 관련 논쟁, 남북 분단에 따른 문제 등 한국사회의 특성에서

---

7 배홍진, 앞의 책, 38~40쪽.
8 일제 피해자들의 구 호적은 한 개인의 사적 정보이기도 하지만 역사자료이기도 하다. 일제강점하강제동원진상규명위원회(2004.11.~2012.12.)에서는 공공기관으로서 구 호적을 발급받아 일본군'위안부' 피해자 조사를 할 수 있었지만, 이제 이와 같은 조사가 가능한 공공기관이 없다. 결국 구 호적을 열람할 수 있는 유족의 존재가 중요한 열쇠였고, 강덕경의 유족(남동생)의 연락처를 수소문해 보았지만 알 수 없었다.

비롯된 것들이다. 예를 들어, 약 6년 전, 중국 상해사범대학교 연구원으로 초청받아 가 있을 때, 나눔의 집에서 일본군'위안부' 피해 생존자 한 분이 상해사범대 행사에 초청받아 오신 적이 있다. 그를 만나러 호텔 방을 찾았을 때의 일이다. 인사를 마치자 그는 이야기 하나를 꺼냈다. 자신이 한국전쟁 당시 중공군 간호부로 참전한 적이 있으며, 동료와 함께 본가를 찾아간 적이 있었다고 한다. 본가는 텅 비어 있어 가족과는 만날 수 없었지만. 처음 듣는 얘기라 놀랍기도 해서 왜 이전에 이런 증언을 하지 않으셨냐고 물으니, 만일 자신이 참전한 사실이 한국에 알려지면 혹시라도 가족들이 빨갱이로 몰려 불이익을 당할지도 모른다고 염려했다는 이야기였다. 곧 있을 행사 참석을 위한 외출 준비로 이야기는 중단되었다. 동행자의 이야기로는 '할머니가 치매 초기'라고 하였다. 아마도 오랜 동안 눌러 두었던 장기기억이 마음의 경계가 느슨해진 틈을 타고 발설되어 나온 것이리라.

나의 이러한 고민에 대해, 저자는 과감하고 용감하게 강덕경에 대해 알게 된 모든 것을 이 책에서 밝힌다. 그리고 그것이 '저널리스트로서의 책무'라고까지 말한다. 그의 '책무' 덕에, 우리가 강덕경에 대해 새롭게 알게 된 사실이 있다. 해방 후에, 미군장교의 운전수 경력과 대단한 장사 수완, 동거 경험과 비닐하우스 주인에 의한 강간 피해 등이다. 이러한 사실들에서 우리는 스테레오타입의 피해자상의 부조리함과 함께 한국사회에 만연한 성폭력과 여성차별 등을 확인할 수 있다.

강덕경이 지금 우리에게 말을 걸어온다면 그는 무슨 화두를 먼저 꺼낼까 궁금하다. 1970년대 일본군'위안부'문제에 관해 한일 양국에서의 문제제기는 불씨처럼, 허나 단지 국지적인 화두에 그쳤다면, 1990년대에 들어서는 본격적으로, 마치 불꽃이 번져나가듯 문제제기가 시작되었다고 할 수 있다. 그로부터 벌써 30년이 훌쩍 지났다. 세월과 함께 한국뿐만 아니라 아시아 피해자들도 대부분 세상을 떠나고 있고 초기 지원단체 활동가들도 사망하거나 꽤 노쇠하거나 초고령화되어 가고 있다. 모든 게 다 때가 있는 법이라고들 한다. 한국의 일본군'위안부'문제 해결 운동은 이제, 지금까지의 성과를 발판으로, 지나온 운동을 진지하게 성찰해야 하는 시기에 봉착해 있다. 동시에 개선을 위한 실천이 절실하다. 일제하 강제동원 피해 해결 운동은 '위안부'문제만 있는 것이 아니다. 또 제국주의 침략에 대한 식민지배 청산은 여전히 해결하기 위해 나아가는 중이다. 일본군'위안부'문제는 민족주의 담론과 여성주의 담론 중 어느 하나로 이분되는 것이 아닌 두 측면을 함께 사유해야 하며, 여성인권, 여성혐오, 성매매 문제 등은 여전히 과제로 남아 있다. 이러한 논의와 실천에 잉걸불이 되어줄 장작은 결국 사람이다.

◇ ◇ ◇ ◇

살다 보면 과학이나 논리로 설명하기 어려운 일과 만날 때가 있다. 사람과의 인연이 그렇다. 김학순처럼 단 한 번의 인터뷰 만남이 내 연구 인생을 완전히 바꾸게도 하지만, 강덕경과는 살아 생전 스쳐지나는 인연 정도인데, 사후에 이렇게 깊이 그의 삶을 들여다 볼 일이 생길 거라고는 생각해 본 적이 없었다. 그런 강덕경과의 인연은 전혀 일면식 없는 연구자로부터 시작되었다. 범부 김정설 연구자 정다운이 번역을 시작했으나 건강상 문제로 계속할 수 없어서 대학 선배 김광열 광운대 교수에게 넘겨졌다가 '네가 이 책 번역에 적임자인 것 같다'며 연락을 주었다. 당장은 한국여성인권진흥원 일본군'위안부'문제연구소에서 근무하면서 여러 사정에 밀려 손을 못 대고 있다가 올봄에 본격적으로 번역을 시작하였다. 두 분의 초벌 원고는 활용하지 않는 것으로 정하였지만 이 자리를 빌려 애쓰신 두 분께 감사의 말씀을 전하고자 한다. 이 책을 번역하면서 힘든 마음이 생길 때마다 나는 '강덕경 여사가 나를 찾아온 거야' 하는 마음으로 임했다. 까다롭고 예민한 번역자에게 최선을 다해준 선인출판사 편집팀원들에게도 감사 인사 전한다.

　마지막으로, 나의 엄마, 사랑하는 박순자 여사는 올해 여든네 살이시다. 엄마가 노화하고 고령이 되면서 나는 자연스레 노화와 치매, 죽음이라는 주제에 더 많은 관심을 갖고 공부하게 되었다. 시니어센터 자원봉사 중에 나는 노인을 대상으로 일하는 곳에서조차 노인을, 특히 여자 노인을 더 존중하지 않는 태도가 일상적이라는 사실을 새삼 깨달았다. 그러다 문득 이런 생각이 들었다. 1990년대 이래 한국사회가, 아니 우리가, 일본군'위안부' 피해자들을 '할머니'라거나 '고령의 피해자'라고 부르면서, 정작 그들을 제대로 존중했던가. 박수남의 다큐멘터리 영화 〈침묵〉에서 1990년대에 '위안부' 피해자들이 단체를 구성하고 운동을 하는 장면이 나온다. 한국에는 거의 알려지지 않았던 사실이다. '피해자 중심주의'는 정작 필요한 시기에 운동 안에 없었다. 당시 이유는 있었지만 바람직한 방향은 아니었다. 이미 지나버린 일들이지만, 지금이라도 깨닫고 성찰하는 만큼, 우리가, 사회가 나아지리라 생각한다. 앞서도 얘기했지만, 현재를 바꾸기 위해서는 실천이 필요하다. 실천이야말로 일본군'위안부'문제가 역사의 교훈으로 오늘의 우리에게 남겨주는 소중한 깨달음(배움)이리라.

　강덕경 여사가 오늘 내게로 와서 "힘내라"고 말해 주는 것 같다.

2022.8.31.

아차산에서 윤명숙

피할 수 없는 책무
한국어판『'기억'과 살다』출간에 부쳐

저널리스트 도이 도시쿠니(土井敏邦)

요 몇 년 사이 일본정부가 '교육에 대한 정치 개입'을 급속하게 추진하고 있는데, 그 상징이 교과서 검정에 대한 압력이다. 사회과 교과서에서 '종군 위안부', '강제연행'이라는 기술이 거의 사라지고, '위안부', '징용' 또는 '연행' 으로 바뀌었다. 나는 이 책의 '시작하며'에서 쓴 것처럼, '종군위안부'라는 용어는 사용하지 않고 '위안부'나 '일본군"위안부"'를 사용한다. 그 이유는 '시작하며'의 [주]에서의 용어 설명(34쪽)에서 얘기한 대로이다. 내 이유는, 일본 정부가 '종군위안부'라는 용어를 배제하려고 하는 의도와 다르다. 일본정부 는 '종군위안부'라는 용어가 암시하는 '구 일본군이 직접 관여했다'는 의미를 없애고 싶기 때문이다. 다시 말해 '위안부'문제에 관한 당시의 일본군, 나아가 정부의 책임, 가해성을 없애고 싶기 때문이다.

이 사례가 상징적으로 말해주듯이, 일본의 위정자들과 우익 세력은 자국 의 가해 역사 은폐에 필사적이다. 그것은 이 책에서 김순덕 할머니가 정확히 알아맞힌 것처럼, '그러니까 일본은, 깨끗한 국민으로 있고 싶다는 거지. 자기 나라에 오명을 남기지 않기 위해서 젖 먹던 힘까지 짜고 있는 거야'라는 것이다. 아베 신조(安倍晋三) 전 수상의 말을 빌리자면, "일본 어린이가 일본이라는 나라를 멸시한다면 일본인이라는 것에 긍지를 가질 수 없고, 자기 자신에게도 긍지를 가질 수 없기" 때문이라는 것이 된다.

그렇게 일본은 '가해 역사'를 은폐하는 한편, '히로시마'로 상징되는 '피해 역사'를 강조한다. 일찍이 일본에 피해를 당한 각국 사람들 입장에서 보면, '피해 역사'의 강조는 '가해 역사'를 은폐하는 방패막으로 보일 것임에 틀림없다. 그러나 그것은 일본만의 문제는 아닐 것이다. 한국에서도 일본에 의한 식민지 지배의 피해 역사가 강조되는 한편, 베트남 전쟁 당시의 한국군에 의한 베트남 인민 민중에 대한 가해 역사를 밝히고 논의하는 것이 어렵다고 듣는다. '위안부'문제로 상징되는 가해 역사와 제대로 마주하지 못하는 일본인의 모습을 한국인들은 '반면교사'로 하길 바란다.

일본 패전으로부터 50년째(한반도의 해방 50주년)되는 2015년에, 나는 다큐멘터리 영화 〈'기억'과 함께 산다〉를 공개했다. 이 영화는 이 책의 기초가 된 기록영상으로, 1994년부터 3년간 나눔의 집에서 촬영한 영상을 1년간 편집하여 제작한 것이다.

이 영화가 공개된 때는 한국의 신문사나 텔레비전 방송국에서 꽤 취재하러 왔다. 50년째 되는 해에, 자국의 치부인 '위안부'문제를, 일본인 자신이 다큐멘터리 영화로 제작하여 공개한 것이 그들에게는 '광복 50년째의 뜻밖의 뉴스'였을 것이다.

그러나 나는 그들 한국 미디어 취재에 소극적이었다. 개중에는 거절한 취재도 있다. 왜냐고? 나는 이 책도, 다큐멘터리 영화도, '피해국' 한국 국민을 대상으로 쓰거나 제작한 것이 아니었기 때문이다. 어디까지나 '가해국' 일본사람이, 자국의 가해 역사에서 눈을 돌리고 '없었던 일'로 하려는 일본인을 향해 역사의 현실을 제대로 보라고 세상에 내놓은 것이었다. 만일 한국인 저널리스트가 이 일을 했다면 일본인들은 '프로파간다'라고 무시할지 모른다. 그러나 일본인이 했다면 '프로파간다'라고 단언할 수만은 없다. 다만 한국 미디어에 크게 보도된다면 '한국에 이용되는 프로파간다'라고 야유받을지도 모른다는 염려가 있었다. 내가 한국 미디어 취재에 소극적이었던 것은 이런 이유에서였다.

다시 말하지만, 나는 이 책을 일본인을 향해서 썼다. 일본군'위안부'였던 여성들의 같은 인간으로서의 아픔을, 가해국 일본인 한 사람 한 사람에게 느끼게 해주고 싶었기 때문이다.

그래서 한국 독자에게는 부족한 부분이나 위화감이 있는 부분, 반발할 부분도 적지 않을 거라고 생각한다. 솔직히 말해서 예상하지 못한 한국어판 출간을 앞두고, 나는 몸이 떨리는 느낌이다.

다만, 한국의 독자에게 어떠한 차가운 비난을 받더라도 이것만은 전하고 싶다.

그 할머니들과 만나게 돼 버린 가해국 저널리스트의 한 사람으로서, 내가 그녀들을 기록하고 후세에 남기는 것은 어떻게도 피하고 지날 수 없는 '책무'였다는 것을.

| 목 차 |

| 일러두기 |

1. 원서에는 각주가 따로 없고 주에 해당하는 내용이 본문에 있었으므로 그대로 편집하였고, 독자의 이해를 돕기 위한 옮긴이의 주는 각 장에 각주로 넣었다.

2. 명백한 오타나 누락은 각주 없이 정정하였고, 저자 확인이 필요한 내용은 확인 후 동의하에 정정 또는 보완하였다. 저자 확인이 필요했던 부분은 각주에서 이를 밝혀 두었다.

3. 저자 인용 중에 한국어 서적이 원서일 경우에 한국어 원서에서 해당 부분을 가져왔다. 다만, 한국어 서적에 동일한 취지의 내용은 있지만 저자가 내용을 보완하여 동일한 문장이 아닌 경우는 이 책의 원문에 준하여 번역하였으며 이는 각주에 밝혀 두었다.

4. 간단한 영문 명칭이라도 외국어 번역 표기 기준에 따라 '한글(외국어)'의 형식으로 표기하였다. 동일 단어가 반복되는 경우는 처음 나올 때만 이와 같이 표기하고 이후는 외국어를 그대로 두었다. 예를 들어 "NHK"라면 처음 나올 때는 엔에이치케이(NHK)로, 두 번째 이후부터는 NHK로 표기하였다. 이는 선행연구에서 이미 알려진 대로, 무학 또는 저학력의 일본군'위안부' 피해를 다루는 책이니만큼, 간단한 영문은 한글표기 없이 영문으로만 표기하는, 지금까지의 통상적인 외국어(특히 영어) 표기 방식을 지양하는, 새로운 시도를 하였다.

5. 일본군'위안부'나 위안소 등의 용어는 원서에서 사용한 용어 그대로 번역하였는데, 위안소의 경우 '위안부'와 달리 인격이 있는 것이 아니기 때문에 한일 양국에서 통상적으로 따옴표를 사용하지 않는다. 다만 이 책에서는 저자의 표기를 존중하여 '위안소'에도 따옴표를 사용하였음을 밝혀 둔다.

시작하며

> 그렇게 총탄이 빗발치는 속에서 정신적으로 흥분되어 있는 용자집단[1]에게 휴식을 제공하고자 한다면, 위안부 제도가 필요하다는 사실은 누구라도 안다.
>
> 왜 일본의 종군위안부 제도만을 문제 삼는 건가. 당시는 세계 각국에 다 있었다. 베트남전쟁 때도, 한국전쟁 때도, 제도로써 존재했다.

2013년 5월 13일, 하시모토 도루(橋本徹) 오사카 시장의 기자회견 발언은 큰 파문을 일으켰다.

"위안부 제도가 필요했다고 긍정하고 있다." "전쟁 수행을 위해 여성인권은 유린돼도 상관없다는 발언이며 당사자를 상처냄과 동시에 모든 여성의 인권을 침해하고 있다"는 비판이 일본국내에서 분출하였다. 한국에서도 "일본 지도층 사람이 반인도적 범죄를 옹호하고, 역사 인식과 여성의 인권 존중 의식이 심각하게 결여되어 있음을 여실히 드러낸 것에 대해 깊은 실망감을 지울 수 없다"(한국 외교부)고 엄중하게 비판하였다.

---

1 군인들.

하시모토 시장은 같은 날, 오키나와 주둔 미군에 관해서도 이렇게 덧붙였다.

> 위안부 제도는 지금은 인정할 수 없지만, 풍속영업은 필요하다고 생각한다. 그래서 오키나와에 갔을 때 (미군)사령관을 만나 "유흥업소를 한층 더 활용해 주기 바란다"고 했다. 그러자 사령관은 냉랭하게 쓴웃음을 지으며 "미군은 금지"라고 말했다. 그래서 나는 "그런 원칙 같은 얘기만 하고 있으니까 이상해지는 것"이라고 했다. "그렇게 하지 않으면, 해병대 용자들의 성적 에너지를 통제할 수 없다"고도 말했다. 원칙론으로 인간 사회는 돌아가지 않는다.

이에 대해서 오키나와로부터 "오키나와 여성의 존엄과 인권을 모욕한 발언으로 강한 분노를 느낀다. 기지 부담을 안고 있는 오키나와에 대한 배려가 없는 것도 드러났다"라는 취지의 격분에 찬 목소리가 터져 나왔다. 또한 미 국방부 보도 담당자는 "어처구니없다" "우리들의 방침이며 가치관과 동떨어져 있다"며 강한 불쾌함을 표시했다.(『아사히신문(朝日新聞)』, 2013. 5. 15.)

미국 측의 강한 반발에 하시모토 시장은 민감하게 반응해, 2주 뒤 일본 외국특파원협회에서 진행된 기자회견에서는 미국 측에 사죄했다. 그런 한편으로 "위안부 제도는 필요했다"는 발언에 대해서는 "세계 각국의 군대가 여성을 필요로 하고 있었다고 한 것을, 내가 용인했다고 오보된 것"이라고 미디어를 비판하고, 발언을 철회하려고는 하지 않았다.

1991년 8월, 한국에서 처음으로 김학순 씨가 자신의 이름을 걸고 "일본군'위안부'였다"고 증언함으로써 일본 사회에 큰 충격에 준 때로부터 벌써 20여 년이 지났다. 그 사이, 일본정부는 이른바 '고노담화'(河野談話, 1993. 8.)를 통해 '위안부'제도에서 일본군이 직·간접으로 관여한 사실을 인정하고 '사과와 반성'을 표명했지만 한편 고노담화가 인정한 '강제성'을 부정하고 "위안부들은 돈을 목적으로 한 매춘부였다"고 주장하는 보수파 정치가나 논객이 속출하고, 그때마다 한국이며 미국 등 국제사회가 강하게 반발해 왔다.

하시모토의 발언은 한동안 미디어에서 멀어졌던 일본군'위안부'문제를 다시 크게 부각시키는 계기가 되었다. 또한 다음 해인 2014년 1월에는 모미이 가츠토(籾井勝人) 엔에이치케이(NHK) 신임 회장이 "(위안부는) 전쟁을 하던 어느 나라에나 다 있었다"고 발언, 커다란 논란을 야기했다. 많은 시청자들이 "공공방송의 수장으로 어울리지 않는다. 파면시켜야 한다"고 목소리를 높였던 한편, "맞는 말을 해주었다"고 긍정하는 목소리도 적지 않았다.

이에 더하여 동년 8월에는 아사히신문사가 그때까지의 자사 '위안부' 보도기사를 검증하는 특집을 게재한 후, 기사 내용을 둘러싸고 심한 공격에 노출되었다. 또 같은 달 8월, 자민당 간부로부터 '위안부' 모집의 강제성을 인정한 고노담화의 수정론이 부상되어, 한국뿐만 아니라 미국에서도 거센 반발이 일었다.

이처럼 문제가 표면화되어 이십여 년이 지난 지금, 한국에서만이 아니라 미국까지 끌어들인 중대한 국제문제로 발전되어 버렸다. 그러나 '위안부'문제가 이처럼 격렬한 논쟁이 되풀이되면서도 근본적인 해결로 나아가지 못하는 것은 무엇 때문인 걸까.

하시모토 발언에 관한 다량의 정보며 논평 가운데 가장 내 마음을 울린 말이 있다. 외교관이었던 도고 가즈히코(東郷和彦)가 소개한 2007년 미국에서 개최된 역사문제 심포지움에서의 어느 미국인 의견이다.

"일본인들 사이에 '강제연행'이 있었나 없었나에 대해 펼쳐지는 논쟁은, 이 문제의 본질에서 보면 전혀 무의미하다. 세상의 대세는 누구도 거

기에 관심이 없다. ……위안부 이야기를 들었을 때 사람들이 생각하는 것은 '내 딸이 위안부였다면, 어떻게 할까'라는 한 가지뿐이다. 그리고 오싹해진다. 이것이 이 문제의 본질이다."(요시미 요시아키[吉見義明], 「일본군'위안부'문제 재고―하시모토 발언을 어떻게 볼 것인가(日本軍「慰安婦」問題再考―橋下發言をどうみるか)」, 『세계(世界)』 2013년 8월호)

일본에서 일본군'위안부'문제가 논의될 때, 피해자들은 '"위안부" 피해자들'이라는 식으로 얼굴이 보이지 않는 '집단'으로 묘사되기 쉽다. 한편, 일본의 전쟁 피해자 ― 예를 들어 히로시마(広島)·나가사키(長崎) 피폭자들, 도쿄대공습 피해자들, 만주며 조선에서 돌아온 귀환자들 ― 을 거론할 때는 이름을 가진 개인으로, 또 나와 같은 사람으로, 때로는 그 사람의 긴 생애를 거슬러 올라가 상세하게 전하는 경우가 많다. 그래서 우리들은 그 사람 개인에게서 나 자신이나 나와 가까운 사람들의 모습을 투영해 중첩시키고, 그 '생각'이며 '아픔'을 상상하고 그 존재를 기억에 새긴다.

그러나 집단으로 그려지기 쉬운 아시아 피해자들은, 그들의 모습을 있는 그대로 보거나 개인의 얼굴로 보기 어려워서, 각자 자신이나 가까운 사람과 겹쳐서 그들의 '생각'이나 '아픔'을 상상하는 것이 어렵다. 즉 '"내 딸이 위안부였다면?'을 상상하고, 오싹해지는" 일도 없는 것이다. 그래서 상대의 모습이며 그 '아픔'이 우리들 기억에 깊게 새겨지는 일도 없이, 일본군'위안부'문제에 대한 일시적인 보도 열기가 식으면, 우리들 의식에서도 희미해져 사라져간다고, 나는 생각한다.

이 책은 강덕경이라는 한 사람의 '위안부' 피해자의 반평생을 쫓은 기록이다. 1994년 12월부터, 폐암으로 사망하기 직전인 1997년 1월까지의 생활과 말을 기록하고, 덧붙여 1998년에는 강덕경의 귀국 후의 발자취를 더듬었다. 이 책의 초고는, 실은 1998년 말에는 이미 완성돼 있었다. 그러나 당시에는 발표 기회가 없어, 십수 년, 나의 책장에 잠든 채 있었다. '위안부'문제는 머지않아 해결되거나 잊혀질 것이고, 앞으로 이 원고를 세상에 내놓을 기회도 더 이상 없을 것이라고 내심 포기하고도 있었다.

그런데 일본군'위안부'문제는 사라지기는커녕 20년 이상이 지나도 해결되지 않은 채, 이제는 중대한 국제문제로까지 되어 있다.

하시모토 발언을 둘러싼 매스컴 보도를 보면서 안타까웠던 것은, 앞에서 이야기한 것처럼, 보도에서 난무하는 논의 가운데, 과장도 허식도 없는 있는 그대로의 당사자들의 모습과 얼굴이 거의 보이지 않는다는 것이었다. "위안부 제도는 필요했다"고 득의양양하게 말하는 하시모토 씨에게 '위안부'로 끌려간 당사자들 한 사람 한 사람의 '얼굴'과 '아픔'이 보이기는 하는 걸까 하고, 나는 생각했다.

지금이야말로 책장에 잠들어 있던 이 기록을 세상을 향해 물을 때라고 – 나는 그렇게 결심했다.

그리고 당시 촬영한 100시간 가까운 영상을 일 년 정도 걸려서 편집하고 다큐멘터리 영화 〈'기억'과 함께 산다("記憶"と生きる)〉를 완성시켰다. 3시간 반짜리 다큐의 2부는 이 책에서 그린 강덕경 씨의 반생을 영화화한 것이다. 이 영화는 일본에서 책 출판과 동시에 2015년 초여름에 공개할 예정이다.

【주】

이 책에서는 지금까지 언론이나 교육 현장 등에서 일반적으로 사용되어 온 '종군위안부'라는 표현을 피해서 일본군'위안부' 또는 '위안부'로 표기한다. 이는 일찍이 나눔의 집 일본인 연구원이었던 야지마 츠카사(矢島宰) 씨의 다음과 같은 주장에 동의하기 때문이다.

"'종군'이라는 단어는, '종군기자'나 '종군간호부'와 같이 그 일의 내용을 이해하고, 자신의 의사에 따라 군과 함께 행동한다는 의미를 가진다. 그러나 일본군'위안부'가 된 대부분의 할머니들은 그 일의 실태를 모른 채로 일본군 관계자나 민간업자에게 납치나 다름없이 또는 속아서 '위안소'로 보내졌다고 증언하고 있다. 이러한 할머니들에게 '종군'이라는 단어를 쓰는 것은 그 실태를 잘못 보게 할 염려가 있다.

또한 '위안부'라는 용어는 일본군 측이나 업자들이 여성들을 부른 명칭이며, 당사자인 여성들은 일본군 병사들을 성적으로 '위안'하려는 의사를 가지고 현지에 간 것이 아니었다. 실태는 유엔 등에서 사용하고 있듯이 문자 그대로의 '성노예(sexual slave)'였다. 그러나 당사자였던 여성들 중에는 자신들을 '노예'로 부르는 것에 저항감을 가진 사람이 적지 않은 이유로 지금은 '위안부'라고, 당시 일반적으로 사용되었던 '위안부'에 따옴표(' ')를 붙인 표기가 정착되고 있다.

말은 사용하는 사람들의, 대상에 대한 인식을 규정해 간다. '종군위안부'라는 용어를 사용하는 한, 이 문제에 관해 올바른 인식을 널리 알리고 정치적으로 해결하는 작업을 곤란하게 해 버린다."(2006. 저자 도이 인터뷰)

제1장
나눔의 집

임박한 죽음

내가 서울시 동부에 있는 아산중앙병원[1]에 도착한 것은 1997년 1월 24일, 시간은 밤 9시를 지나고 있었다. '위안부' 피해 생존자 강덕경(68세)은 8층 집중치료실 침대에 산소마스크를 쓴 채 누워 있었다. 고통스럽게 숨을 들이쉬고 내뱉고 할 때마다 어깨와 가슴이 크게 위아래로 움직였다. 머리는 온통 백발이었다. 원래 마른 체구인 그녀의 손발은 한층 더 가늘어졌고 피부는 이미 윤기를 잃었다. 내가 침대 가까이로 가자 그녀는 텅 빈 공허한 눈동자로 나를 바라보았다. "도이(土井) 선생…", 그녀는 힘없는 목소리로 내게 말을 걸었다. 지난 12월 중순, 그녀와 나눔의 집에서 헤어진 이후, 거의 한 달 만에 재회한 것이었지만, 강덕경이 너무나도 급작스럽게 용태가 악화된 것에 나는 할 말을 잃었다.

---

1 공식 명칭은 서울중앙병원이다. 1989년 6월 개원하고 2002년 서울아산병원으로 개칭하였다.

의사가 왼쪽 콧구멍에 가늘고 투명한 비위관을 밀어 넣었다. 이제 거의 기능을 하지 못하게 된 위까지 튜브의 끝이 닿게 하려고 수십 센티의 관이 콧구멍 속으로 사라졌다. 강덕경은 아픈지 때때로 얼굴을 찡그렸다. 관이 위에 닿자 비위관 끝에 두꺼운 주사기를 꽂아 빨아 올렸다. 콧구멍 안쪽 튜브를 통해 흑녹색의 분비물이 주사기로 빨려 들어왔다.

강덕경이 쓰러진 것은 1996년 말 '위안부' 피해 생존자들이 공동생활하는 나눔의 집에서 할머니들이 한창 송년회를 하고 있을 때였다. 장폐색에 의한 탈수 증상과 혈액에 칼슘량이 급증하는 고칼슘혈증이 원인이었다. 약 1년 전에도 강덕경은 매주 일본대사관 앞에서 열리는 수요시위에서 쓰러진 적이 있었다. 그때 진단 결과, 폐암 말기라는 걸 알게 되었다. 그로부터 3개월 후인 1996년 3월, 이번에는 에스(S)자 결장이 파열돼 복막염을 일으켜 재입원했다. 이때는 인공 항문을 다는 대수술로 두 달 동안 집중치료실에서 보내야만 했다. 그 후 여름에는 일본대사관 앞 데모에도 나갈 수 있을 정도로 회복된 때도 있었다. 그러나 가을에 다시 병세가 악화되어 12월 초순에 방문했을 때는, 이미 길게 얘기를 나눌 수 있는 체력도, 기력도 잃어 거의 하루종일 누워서 보내는 일상이 계속되고 있었다. 강덕경이 세 번째로 쓰러져 서울 시내의 중앙병원으로 이송된 것은, 내가 귀국해서 열흘이 지난 때의 일이다.

집중치료실에서 비위관의 교환과 위 분비물을 제거하는 처치를 마쳤는데, 폐암 합병증으로 폐렴까지 생겨 호흡 기능이 약해져서, 코와 입에 다시 산소마스크를 씌우고 결국, 그녀는 침대에 누운 채 집중치료실에서 6인실로 옮겨졌다.

이미 입으로 음식물을 먹을 수 없게 된 강덕경의 생명을 유지시켜 주는 것은 영양제 링거 주사였다. 유일하게 입으로 섭취할 수 있는 물도 위장에서 흡수되지 못하고 분비물과 함께 비위관을 통해 몸 밖으로 배출되고 마는지, 강덕경은 몇 분 간격으로 갈증을 호소하며 물을 달라고 했다.

담당의에 따르면, 강덕경은 폐암 말기 증상과 위에서 역류한 내용물이 기도를 통해 흡인되어 발병한 흡인성 폐렴에, 고칼슘혈증이라는 합병증을 앓고 있다는 것이었다. 고칼슘혈증이 한층 악화되면, 의식을 정상으로 유지하기 어렵게 되고, 신장 기능 또한 쇠약해질 위험이 있다고 했다. 그래서 혈액 내 칼슘 수치를 떨어뜨리기 위해 미국에서 수입한 특별한 약을 투여한다고 하였다. 당초 병원 측은 장 속 내용물을 역류시키는 장폐색 치료를 위해 수술을 하겠다는 계획을 세우고 있었다. 그러나 곧장 흡인성 폐렴을 동반하면서, 의사는 환자에게 수술을 버틸만한 체력을 기대할 수 없다고 판단하고 수술을 중지시켰다.

병실은 강덕경 외에도 5명의 환자가 함께 쓰는 다인실이었다. 강덕경은 '위안부'문제를 그림으로 알려온 피해 생존자로, 한국은 물론 해외에서도 널리 알려졌던 만큼, 그녀의 위중한 소식을 듣고 한국이며 일본의 지인, 매스컴 관계자가 끊임없이 문병을 오자 주변의 환자나 그 가족들이 놀라고 또 곤혹스러워하는 듯했다.

1월 25일, 친한 친구가 강덕경을 문병 왔다. 나눔의 집이 아직 서울 시내 혜화동에 있을 무렵, 강덕경 옆방에 살았던 손판임이었다. 일찍이 암으로 자궁을 적출한 적이 있어 몸이 약한 손판임은 차를 타고 멀리 이동하는 것도 어려웠기 때문에, 나눔의 집이 현재 장소인 교외[2]로 옮겨졌을 때, 강덕경 등과 함께 가지 않고, 서울 시내에서 혼자 살고 있었다. 나눔의 집 혜화동 시절에는 손판임이 입원하는 일이 많아서 강덕경은 자주 문병을 다

---

2 경기도 광주시 퇴촌면 가새골길 85.

넜다. 그러나 지금은 입장이 역전되었다. 게다가 강덕경은 이제는 회복해서 집으로 돌아갈 수 없는, 죽음을 앞두고 있는 상태였다.

혜화동 시절의 나눔의 집에는 할머니 일곱 분이 공동생활을 하고 있었지만, 나이 한 살 차이에 옆방에 살던 두 사람은 유난히 사이가 좋았다.

손판임은 침대 옆으로 다가가서는 누워있는 강덕경에게 "강덕경…" 하며 말을 붙였다. 그녀는 오른손을 친구의 이마에 올렸다. 강덕경은 살이 빠져 야윈 왼손을 내밀어, 손판임의 얼굴을 쓰다듬었다. 손판임은 친구의 손을 왼손으로 감싸서 자신의 입 언저리에 눌러 대고 흐느꼈다.

> 마음만은 언제나 병원에 와 있어. 어찌고 있나 걱정이 돼서. 마음이 불안
> 해. 이렇게 만나러 와도 돌아가는 길에 또 금방 걱정이 돼.

강덕경의 쇠약해진 모습에서 죽음이 임박했음을 감지했을 것이다. 손판임은 강덕경의 손을 꼭 쥐고, 몇 번이고 자신의 왼뺨에 대고 비볐다.

용태가 급변하는 것에 대비해서 강덕경의 병실은 간호사 대기실 바로 앞에 마련되었으며 병원 측에서도 응급체계에 만전을 기하였다. 또한 나눔의 집 직원과 지원자 여성들이 교대로 24시간 태세 간호에 임하고 있었다.

강덕경은 호흡이 거칠어져서 어깨와 가슴을 위아래로 크게 움직이면서 괴로운 듯이 숨을 쉰다. 그녀가 잠자는 시간이 나날이 길어지고 있는 것 같았다. 더 이상 2, 3개월 전 상태로 회복하는 것은 어렵고 임종을 얼마나 늦출 수 있을까 하는 것이 지금의 상태라는 것을 나처럼 비전문가 눈에도 확연하게 보였다. 그럼에도 이곳 병원의 간호 체계라면 앞으로 한 달 정도는 괜찮을 거라고 나는 생각했다. 닷새 동안 병문안을 간 후에 나는, 예정대로 베트남 취재를 위해 서울을 출발하여 중계지인 방콕을 향해 떠났다.

그로부터 8일 후인 2월 5일 오전, 나는 방콕의 레스토랑에서 아침밥을 먹으며 영자신문 『방콕 포스트』를 훑어보고 있었다. 그때 신문 귀퉁이 사진에 시선이 멈추었다. 검은 색 승용차 앞을 가로막고 서 있는 여성과 제지하려는 경찰. 여성은 예전에 본 기억이 있다. 강덕경의 친구로 일본군 '위안부' 피해 생존자인 이용수였다. 기사 소제목에 「SOUTH KOREA(한국)」, 「MOURNFUL PROTEST(슬픈 저항)」이라고 되어 있었다. 사진 설명에 「Kang · Duk · Kyong(강덕경)」, 「funeral service(장례식)」이라는 두 단어가 눈에 꽂혔다. 나는 먹먹해졌다.

설명에는 이렇게 적혀 있었다.

제2차 세계대전 당시, 일본 병사들의 '위안부'였던 일흔 살의 이용수 씨는 어제 서울의 일본대사관 앞에서 야마시타 신타로(山下新太郎) 대사가 탄 차를 몸을 던져 제지했다. 이 씨는 일본대사관 앞에서 진행된 '위안부' 피해자였던 강덕경 씨의 장례식 데모에 참가하고 있었다.

그로부터 이틀 후, 나는 취재 중인 호치민 시(베트남) 호텔에서 한국에서 보내온 팩스를 받았다. 통역사 박종배가 강덕경의 죽음을 알려주는 내용이었다. 이 소식을 통해, 강덕경이 사망한 것이 내가 그녀의 병실에서 마지막 대화를 나누고 떠난 지 닷새 후인 2월 2일이었다는 것을 알았다.

강덕경과의 만남

내가 혜화동 나눔의 집을 처음 방문한 것은 1994년 8월이었다. 일본군 '위안부'에 대한 취재가 목적이 아니라 히로시마에 사는 지인이 원하던, 나눔의 집 방문을 위한 사전 답사를 위해서였다. 나와 학생 때부터 한 20여

년 동안 교류를 이어오던 피폭자 도미나가 하츠코(富永初子, 당시 83세)는, 그 때까지 반핵운동의 증언자로 미국이며 유럽 등지에서 평화 행보를 이어오고 있었다.

도미나가가 히로시마 피폭자 중에서도 특이한 존재로 여겨졌던 것은 그녀가 '피해자'로서의 태도에 그치지 않고, 피폭자인 자신 또한 아시아 민중에 대해서 가해국 국민의 한 사람이라는 현실을 응시하고 있었다는 점이다.

1980년대 초, 한국인 피폭자가 치료를 위해 히로시마 시의 적십자병원에 체재하고 있던 시기가 있었다. 텔레비전 뉴스에서 그 사실을 알게 된 도미나가는, 나에게 병원에 좀 데려다 달라고 했다. 우리는 택시를 타고 도미나가가 사는 에바(江波)에서 병원이 있는 센다마치(千田町)로 향했다. 한국인 피폭자가 입원한 병실 문을 열자, 환자 십여 명의 시선이 일제히 흰색 지팡이를 짚고 서 있는 노파를 향했다. 도미나가는 병실 문 입구에서 등을 쭉 펴고 서서, 한국인 피폭 환자들을 향해서 이렇게 인사했다.

나는 히로시마에 사는 피폭자 도미나가라고 합니다. 나도 피폭자지만, 일본이 여러분들께 고통을 안긴 것을 일본인의 한 사람으로서 진심으로 사죄드립니다. 정말로 죄송했습니다.

1911년생인 도미나가는 만성위염, 빈혈증, 원폭 백내장, 동맥경화증 심질환, 골다공증, 유선염 등 각양각색의 질병이 몸을 침범하고 있었다. 게다가 고령으로, 해마다 나이를 먹을수록 신체의 자유를 잃어가는 도미나가는 초조해 했다. 몸을 움직일 수 없게 되기 전에 다시 한번 피폭자로서, 해외에서 반핵·평화를 호소하는 길을 떠나고 싶어했다. 그러나 심장

기능이 쇠약해져서 걷는 것조차 힘든 도미나가가 유럽처럼 장거리 여행을 하는 것은 어려웠다. "그렇다면 가까운 아시아로 가자"고 도미나가가 말했다. 나는 '비행기로 한 시간 정도인 한국이라면'이라고 생각했다. 나는 십수 년 전 적십자병원에서 본 도미나가의 모습을 떠올렸다. 이 고령의 피폭자가 한국의 일본군'위안부' 피해 생존자를 만나면 어떻게 대응할지, 또 '위안부' 피해 생존자들은 '일본의 전쟁 피해자'인 이 고령의 피폭자를 어떤 태도로 맞을 것인가. 도미나가에게 내 생각을 꺼내자 꼭 만나보고 싶다고 말했다. 제안은 했지만 나는 한편으로는 크게 불안한 마음도 있었다. '일본의 전쟁 피해자'로 상징되는 피폭자에게 '위안부' 피해 생존자들이 '우리에게는 가해국 국민인데, 왜 "피해"의 측면만을 강조하느냐'며 격하게 반발하여 거절하는 것은 아닐까 하는 불안이다. 실제로 그럴 가능성이 높은지 어떤지, 당시 내게는 판단할 수 있는 근거가 아무것도 없었다. '위안부' 피해 생존자들의 상황이며 생각에 대해서 나는 전혀 정보가 없었다. 나는 우선 무엇보다도, 내 자신이 한국의 '위안부' 피해 생존자들과 직접 만나서 그들에 대해서 알지 않으면 안되겠다고 생각했다.

나눔의 집의 존재는 일본군'위안부'문제에 대해 잘 아는 히로시마에 사는 친구를 통해 알고 있었다. '위안부' 피해 생존자들이 공동생활을 하고 있는 장소라면 한 번에 여러 명과 만날 수 있고, 틀림없이 그들의 생활도 엿볼 수 있을 거라고 생각했다. 1994년 8월, 나는 나눔의 집이 있는 서울로 향했다.

당시, 나눔의 집에는 '위안부' 피해 할머니 7명이 공동생활을 하고 있었다. 할머니들이 갑작스런 일본 남자 방문에 불쾌감과 반발을 노골적으로 표시하지 않을까 하는 불안은 기우였다. "일본에서 일부러 오셨어요?" 할머니들은 너무 송구할 정도로 따뜻하게 맞아 주셨다. 한국인 여성의 통역으로 나는 몇몇 할머니들에게 전쟁 당시의 체험을 들었다. 전혀 모르는 이야기는 아니었지만, 얼굴을 마주 보고 그들의 입을 통해 직접 듣다보니, 경험담은 한층 더 현실감을 더해 가슴에 파고들었다. 노인들의 얼굴을 바라보면서 나는, '이분들은 이런 과거를 짊어지고 전후 50년을 어떻게 살아왔을까?' 하는 생각을 했다.

나는 그 자리에서 일본 피폭자 방문에 관해서는 끝까지 말을 꺼내지 못했다. '일본 전쟁 희생자'에 관한 이야기를 할 분위기도 아니었고, 나 자신, 일본인에 의해 '위안부'가 되고 이후 50년 가까운 반평생이 어긋나버린 노파 앞에서 그 이야기를 꺼낼 용기가 없었기 때문이었다. 일본의 피폭자와 할머니들을 만나게 하기에 앞서, 우선 무엇보다도 나 자신이 할머니들에 대해 좀 더 알지 않으면 안되겠다고 생각했다.

한편, 히로시마의 피폭자 도미나가도 한국 방문을 위한 여행이 어려워졌다. 그녀의 주치의가 해외 여행은 아무리 가까운 한국이래도 체력적으로 무리라고 판단하여 '닥터 스톱'을 걸었기 때문이다. 나는 비디오 카메라에 일본군'위안부' 피해 할머니들의 목소리와 생활을 촬영해서 도미나가에게 보여 주는 것으로, 일방통행이긴 하지만, 만남의 장을 만들 수밖에 없겠다고 판단했다.

첫 방문으로부터 4개월 후인 1994년 12월, 나는 다시 나눔의 집을 방문했다. 이번에는 비디오 카메라로 할머니들의 일상과 전후 50년의 반생을 기록하기 위한 방문이었다.

촬영 개시

나눔의 집 손님으로 방문해서 몇 시간 이야기를 듣고 귀가했을 때와, 취재하러 와서 비디오카메라를 들고 할머니들과 마주하며 일상을 촬영할 때를 비교하면, 할머니들 대응은 물론 내 쪽의 마음가짐도 크게 달라졌다. 무엇보다 할머니들이 나를 받아들이고 마음을 열어 주지 않으면 안 되었다. 또한 카메라를 들고 있는 내 존재가 나눔의 집에서 일상이 될 정도로 녹아들지 않으면 안 되었다. 그러기 위해서는 나눔의 집에서 먹고 자고 하는 게 제일 좋은 방법이지만 손님방이 따로 없었고 또 여자들만 사는 집에 남자인 내가 숙식을 하는 것은 조심스러웠다. 그래서 나는 나눔의 집에서 200미터 정도 떨어져 있는 학생 대상 하숙집에 방을 하나 빌렸다. 나는 거기서 매일 나눔의 집을 오가며 이른 아침부터 밤까지 시간을 보내기로 했다.

박종배가 통역을 맡아 주었는데, 그와는 그가 히로시마대학에 유학했던 1989년부터 친구였다. 나와 박종배는 하루도 쉬지 않고 매일 나눔의 집에 갔다. 먹거리와 음료를 사드리고 식사도 할머니들과 함께 했다. 방에서 함께 텔레비전을 보거나 수다를 떨거나 화장실이 막히면 뚫어 주기도 하고, 온돌 수리를 하러 마루 밑으로 기어 들어가기도 하며 나와 박종배는 할머니들과 친해지기 위해 열심이었다. 일주일 정도 시간이 지났을 때, 할머니들도 우리를 손님 취급하지 않게 되었다. 우리가 나눔의 집에 있는 것이 점점 "일상의 풍경"이 되었다. 나는 조금씩 카메라를 돌리기 시작했다. 대부분의 할머니들은 카메라 앞에서도 나의 인터뷰에 응해 줄 정도가 되었다. 그런데 딱 한 명, 강덕경만은 일본인 남성인 내가 꽤나 마음에 들지 않았던지, 무뚝뚝하게 대할 뿐 말 한마디 하지 않았다. 내 쪽에서 먼저 이야기라도 할라치면, 도망치듯 방으로 들어가 버렸다. 그래도 끄떡없이 나와 박종배는 매일 다녔고 다른 할머니들과 식사도 같이 하고 얘기도 하고 함께 텔레비전을 보고 집일을 도왔다. 한 이 주일 쯤 지났을까, 강덕경이 갑자기 나에게 "이야기를 듣고 싶다면 얘기해도 좋아"라고 무뚝뚝하게 말했다.

나눔의 집은 1992년 10월 한국 불교단체가 개설했다. 일본군'위안부' 피해 생존자들은 전쟁이 끝나고 50년 가까이 사회로부터 소외되고 생활고로 힘들게 살아왔다. 그런 그들에게 안주할 수 있는 장소를 제공할 필요가 있었다. 나눔의 집이라는 이름은 "50년이 넘도록 혼자 짊어지고 살아온 고통과 슬픔을, 서로 나누고 함께 살아가자는 염원을 담아"(혜진 원장(당시)) 지었다. 대한불교조계종은 "불교는 사회와 더불어 살며, 불교의 가르침을 널리 전하는 역할을 다하지 않으면 안 된다"는 취지에서 1990년에 불교인권위원회를 설립했다. 당시는 한국사회에서 일본군'위안부'문제가 클로즈업되는 시기였다. 불교계에서도 이 문제에 대처할 수 있도록 인권위원회 산하에 여성분과위원회를 설치했다. 위원회에서는 일본군'위안부' 피해 생존자 할머니들에게 지금 무엇이 가장 우선되어야 할 것인가를 논의한 결과, 나눔의 집 건립 계획으로 결정, 모금 활동을 시작하였다. 그간의 사정은, 건립 계획부터 관여한 불교인권위원회 총무였던 혜진 스님이 쓴 『나 내일 데모간데이』[3]에 이렇게 기록하고 있다.

> (강덕경 할머니는) 경기도 남양주군에 살며 농가의 비닐하우스 일을 도와
> 주고 있었다. 살 집조차 없어 헤매던 중 동네 청년들이 논두렁 한 가운데
> 있는 물탱크실 한쪽에 마련해 준 1평 반 남짓한 거처에서 살고 있었다. 그
> 러나 이 집마저도 무허가라는 이유로 읍사무소에서는 철거를 계속 요구
> 하였고, 엎친 데 덮친 격으로 그 터가 개인에게 입찰되면서 이 거주지마저
> 헐릴 위험에 놓여 있었다. 뿐만 아니라 지난 1991년, 경운기에서 떨어져

---

3 혜진, 『나 내일 데모간데이』, 대원사, 1997. 이 책은 일본에서 서승, 김경자가 『나눔의 집 할머니들 – 일본군'위안부' 피해 생존자의 일상(ナヌムの家のハルモニたち―元日本軍慰安婦の日々の生活)』(진분서원[人文書院], 1998년)이라는 제목으로 번역·출판하였다. 저자 도이 도시쿠니가 인용한 문장을 한국어로 번역할 때, 한국어 원서를 기준으로 하되 저자가 인용하면서 요약하거나 문장에 변화를 주거나 한 경우에는 저자 문장에 준해 번역하였음을 밝혀둔다.

오른팔을 다쳐 일은커녕 물도 제대로 길어다 먹지 못하는 상태에서 닥친 일이라 어찌할 바를 모르고 있었다. 다만 "햇빛 한 점 들어오지 않는 골방이지만 그래도 나에게는 안식처였는데 이제는 늙고 병든 몸을 이끌고 어디로 가야 할지 모르겠다"고 눈물만 흘리고 있는 실정이었다.

나는 대단한 결심이라도 한 듯 수화기를 들었다. 그리고는 일요일임에도 불구하고 정대협(한국정신대문제대책협의회) 사무실로 전화를 걸어 쉬고 있는 조혜란 씨에게 다짜고짜 할머니들의 보금자리를 마련해 주자는 의견 전달이 아닌 통보를 했고, 할머니들의 실정이 어떠한지 조사한 자료가 있으면 달라고, 그리고 집을 마련해 보겠노라고 했다.

그 후 몇 번의 만남을 통해 피해자 할머니들의 실태를 대강 파악할 수 있었다. 현재 생존해 계신 대다수의 정신대[4] 피해 당사자들은 역사의 어둠 속에 가려져 변변한 가정을 꾸리지도 못하고 가난과 병고로 고통받고 있으며 심지어는 쓸쓸한 노후를 보낼 집마저 없이 사글셋방을 전전하며 살아가고 있는 실정이었다. 예상한 대로 대다수의 정신대 할머니들은 이루 말할 수 없을 정도로 어려운 형편에 처해 있었다.

내가 일하던 불교인권위원회에서 모금이 시작되었다. 다행히 어느 큰스님의 보시 등 뜻을 함께 하는 많은 분들의 도움으로 6개월도 안 되어 전세금을 마련할 수 있게 되었다.

윗글이 실린 페이지[5]에는 강덕경의 당시 사진이 실려 있고, "강덕경 할머니의 기구한 사연은 나눔의 집을 만드는 초석이 되었다"는 설명이 붙어 있다.

---

4 정신대는 1990년대 중반경까지 한국에서 '위안부'를 의미하는 용어로 혼용되었으나 연구의 진전에 따라 노동동원을 목적으로 하는 정신대와 '위안부'를 구분하여 사용하게 되었다. 참고로 정신대의 공식 명칭은 여자근로정신대이며 이는 여자정신근로령(1944.8.23. 칙령)에 의해 12세 이상 40세 미만의 여성을 대상으로 근로동원하기 위해 공포된 법률에 의해 동원되었다. 다만 1943년, 칙령 공포 이전부터 여자정신대라는 이름으로 동원된 사실이 알려져 있다. 강덕경도 1944년 6월 제1기 여자근로정신대로 동원된 경우이다.

5 혜진, 앞의 책, 1997, 109~110쪽.

나눔의 집 마련에 계기가 된 당시의 강덕경(『나, 내일 데모간데이』, 109쪽)(한국어판 편집)

그때의 강덕경 처지가 나눔의 집 탄생의 계기가 됐다는 것을 알 수 있다.

그러나 한국정부에 일본군'위안부' 피해자로 신고한 200명이 넘는[6] 할머니 전원을 수용할 시설을 짓기에는 막대한 비용이 소요되기 때문에 우선 집을 빌려서 '나눔의 집'을 시작하게 된 것이다. 혜진 스님은 집을 찾으러 분주하게 돌아다녔다. 그러나 '위안부' 피해 할머니들이 살게 될 거라는 걸 알게 되면 집주인들의 반응은 느렸다. 개중에는 "할머니들이 들어오면

---

6 한국정부에 등록한 피해자의 공식 숫자가 있는 것은 1993년부터인데 이는 1993.6.11. 일제하일본군위안부에대한생활안정지원법 제정과 관련이 있다. 따라서 1993년 한국정부의 등록 피해자는 153명이고, 마포구 서교동에 처음 나눔의 집이 문을 여는 것은 1992년 10월이니, "200명이 넘는"이라는 원서의 표현은 정확하지 않다. 옮긴이의 확인 메일에 저자는 정대협 발표라고 회신하였다. 이 숫자는 정부등록 인원이 아니고, 당시 정대협에 신고한 '정신대'(일본군'위안부' 및 여자근로정신대) 피해자 숫자로 짐작된다. '위안부' 피해자에 관한 한국정부 상세 등록자 수에 관해서는 『일본군위안부문제에 관한 보고서』(여가부, 2017.4, 64쪽) 참조.

집값이 떨어진다"며 노골적인 말을 서슴치 않았던 사람도 있었다. 다행히 "할머니들이 연세도 많고 하는 일도 없어 집안을 깨끗하게 사용한다는 조건"으로 드디어 마포구 서교동 주택가에서 독립주택을 빌릴 수 있었다. 그 집은 이전에 안기부(국가안전기획부 = 전 케이씨아이에이(KCIA)) 부장이 살았던 곳이라고 했다.

혜진 측이 입주를 희망하는 할머니들을 모집하자 24명이 신청했다. 그런데 그 집에는 방이 7개밖에 없었다. 인권위원회 측은 할머니들의 궁핍한 정도에 따라 7명을 선발했다. 이렇게 해서 모인 분들이 박옥련, 김순덕, 이용녀, 손판임, 박두리, 이영숙, 그리고 강덕경이었다.

강덕경이 그 집으로 이사온 것은 김순덕이 첫 입주자가 되고 며칠이 지난 후였다. 혜진 스님은 앞에서 언급한 책에서 당시의 상황을 이렇게 기록하고 있다.

> 며칠 뒤 지금은 고인이 되신 강덕경 할머니께서 입주하셨다. 강 할머니는 대야에다 양재기 몇 개 양은그릇 2개, 바가지 2개 등을 챙겨 들어오셨다. 무엇인가를 노려보는 듯한 매서운 눈매와 기운 없어 보이는 몸가짐은 무척 대조적이었다. 들어오시자마자 2층 오른쪽 방에 자리한 모습은 마치 주인마님 같다고나 할까.[7]

"나이도 어린 것이 머리만 똑똑해 가지고…"
나이가 제일 위인 김순덕 할머니가 막내인 강덕경 할머니에게 입버릇처럼 하시는 말이다. 1992년 초겨울, 강 할머니께서 입주할 당시 들고 온 물건은 빈약했어도 이사 첫날 가볍게 짐을 정리한 후 쪼그리고 앉아 쉬는 모습은 마치 터줏대감 같은 자세였다. 일제시대 군 위안부로 끌려가기 전 학교를 다닌 이력이 있고, 어린 시절 일본에서 배운 일본어 솜씨도 나눔의 집

---

7 혜진, 앞의 책, 1997, 112~113쪽.

다른 할머니와 비교하여 뒤질 것이 없었다. "60대 기수론"을 주창하고 나선 강 할머니는 동료들 사이에서 자연스럽게 집안 분위기를 이끌어 가는 존재로 부상하였다. 강 할머니는 일본인 손님이 오면 다음 날까지 대화가 가능했으며 한글 수업도 자원봉사자 선생님이 가장 부담을 덜 느끼는 모범 학생이었다. 특히 할머니의 그림 솜씨는 모두가 인정하고 남음이 있었다.[8]

나눔의 집 할머니들

나눔의 집에 온 7명은 각자 저마다의 가혹한 반평생을 살아남은 할머니들이었다.

최고령의 박옥련은 1919년생. 조용하고 기품 있는 노인으로, 강덕경이 언니라고 부르며 따른 할머니다.

23살 때 "군인들 시중이며 치료, 간병하는 일"이라고 듣고 끌려간 라바울에서 '위안소' 생활을 강요당했다. 27살에 귀국했지만, 평범한 결혼은 할 수 없어, 고향 마을의 공무원이었던 남성의 이른바 '첩'이 되어 세 명의 자녀를 낳았다. 그러나 본처와 자식이 둘 있는, 퇴직한 남편에게 의지할 수 없어서, 채소장수며 가정부 등의 일을 하면서 세 아이를 키웠다. 이미 성장한 아들과 딸들은 대전에 살고 있다. 자식들에게는 일본군'위안부'였던 과거를 숨기고 나눔의 집에 들어왔다.

김순덕도 박옥련과 마찬가지로 강덕경이 언니로 좋아하고 따랐던 할머니였다. 나눔의 집에서 가장 부지런한 사람으로 한시도 가만히 있지 않는다. "'저 사람은 위안부였기 때문에'라고 뒷손가락질 당하고 싶지 않아서 술도 담배도 절대 하지 않았습니다"라고 말한다.

---

8 위의 책, 120쪽.

1921년, 경상남도 빈농에서 태어난 김순덕은 17세 때, 일본의 공장 여공으로 일할 수 있다는 꼬임에 빠져 중국 상해며 남경에서 4년 동안 '위안부' 생활을 해야 했다. 귀국 후, 주위의 차가운 눈초리를 견디다 못해 서울로 와서 여관에서 일하거나 구멍가게도 했었지만 주변의 권유로 철도청 조역[9]의 '첩'으로 살며 세 명의 자식을 낳았다. 남편 사망 후, 세탁부며 병원의 간병인 등 닥치는 대로 일을 해 자식들을 키웠다. 텔레비전에서 일본 정부의 요인이 "종군위안부들은 돈을 목적으로 전장에 갔다"고 주장한다는 것을 알고서 그동안 억눌렸던 화가 치밀어 올라 신고했다. 그러나 아들들에게 끼칠 영향이 염려되어 잠들지 못하는 여러 날 밤을 보냈다.

손판임은 강덕경보다 한 살 위인 1928년생이다. 나눔의 집에서 살기 시작한 것은 강덕경과 같은 아직 60대 때였다. 17세 때, 집에 찾아온 남자가 "군복을 만드는 공장에서 일하지 않으면 안 된다. 천황폐하의 명령이다"라고 해서 모집에 응했다. 그러나 끌려 간 곳은 라바울이고, 기다리고 있던 것은 공장 봉제 일이 아닌 '위안부' 생활이었다. 그 후, 일본군의 전황 악화에 따라 손판임 일행은 군과 함께 뉴기니, 보르네오, 필리핀으로 연달아 후퇴하였다. '위안소' 생활을 한 지 6년이 지나 귀국했을 때, 양친은 모두 이미 사망한 뒤였다. 머지않아 결혼하고 딸을 낳았지만 자신이 '위안부'였던 과거를 숨긴 채 부부 생활을 계속하는 것에 양심의 가책을 느끼고 더 이상 참기 힘들어서 8년이 지나 집을 뛰쳐나왔다.

그 후, 두부 공장이며 고무줄 공장, 솜 공장 등 이런저런 일을 전전하며 혼자서 생활해 왔지만 몸이 망가져서 양로원에 들어갔다. 머지않아 자궁암이 발견되어 자궁 적출 수술을 받았다. 빈혈 등의 후유증으로 힘들었

---

9 일제 때 철도청 공무원 명칭으로 1980.12.1.자로 계장으로 바뀌었다.(「조역을 계장으로 철도청, 명칭 바꿔」, 『중앙일보』, 1980.12.1.)

다. 그 사이 세 번이나 자살 시도를 했으나 미수에 그쳤다. 나눔의 집에 들어와서도 몸 상태가 안 좋아 누워 지내기 일쑤였다.

이용녀는 술을 손에서 떼지 못한다. 술을 마시면 난폭해져서 주위 할머니들과 싸움이 돼버린다. 집단생활에는 부적합한 성격이라서, 결국 서교동 나눔의 집에서 나와 서울 교외로 옮겨야 했던 시기도 있었다.

1926년, 경기도 극빈한 농가에서 태어났다. 14세에 술집으로 팔려가 식탁 치우기, 술상 나르기, 손님 심부름 등을 했다. 16세 때, 술집 여주인이 "돈 많이 벌 수 있는 좋은 곳이 있는데 가지 않을래?"라고 꾀자 이제 배고픈 생활에서 해방되는구나 싶어서 이용녀는 그 얘기를 덥석 물었다. 그러나 끌려 간 곳은 부산, 대만, 싱가폴을 경유해서 간신히 도착한 버마의 랑군[10]이었다. 그 후 버마의 산 속을 헤매면서 패전까지 이용녀의 '위안부' 생활은 계속되었다.

귀국한 것은 21세 때였다. 혼자 힘으로 살아가기 위해 식당이며 가정부 일을 계속 했다. 외로움을 달래기 위해, '위안부' 시절에 배운 술에 빠지게 되었다. 한국전쟁 때, 지인의 소개로 정미소를 경영하는 열일곱 살이나 많은 남자의 '첩'이 되어 같이 살기 시작했다. 그러나 그 남자와의 생활은 평탄치 않아 몇 번이고 도망쳤지만 그때마다 붙잡혀서 엄청나게 두들겨 맞았다. 17년간 함께 했지만 아이는 생기지 않았다. 1980년대 중반 그 남자가 죽고 혼자 살기 시작했다. 위병, 알레르기 체질, 거기에 시시때때로 덮쳐오는 격렬한 두통 등 여러 가지 질환으로 약이 끊이지 않았다.

1922년, 청도에서 태어난 박두리는 귀가 어둡고 늘 다리의 통증을 호소한다. 성미가 격해서 화가 나면 금방 말싸움이 되어 버린다. 한편 기분이 좋을 때는 손으로 박자를 맞춰가며 큰소리로 노래부르는 쾌활한 할머니다.

___
10 현 미얀마의 양곤.

일본의 공장을 소개해 준다는 일본인에게 꾀여 "일본에서 일해 돈 벌어서 결혼하고 싶다"는 생각으로 17세 때 고향을 떠났다. 그러나 일본을 경유해 도착한 곳은 대만이었다. 조악한 식사가 제공될 뿐, 하루 종일 잠옷 바람으로 보내는 '위안부' 생활이 6년 계속되었다. 귀국 후, 고향에서 가까운 곳의 농가로 시집갔다. 익숙치 않은 농사일은 힘들었다. 아들 하나, 딸 셋을 두었지만 지금까지 살아 있는 자식은 딸 하나다. 남편이 죽고 나서 부산으로 가 노점에서 야채를 팔아 생계를 이어 갔다. 70세를 넘어 몸도 약해져 앞날이 불안한 매일을 보내고 있을 때 사정을 알고 있던 남동생의 권유로 일본군'위안부' 피해자였던 사실을 신고했다. 결혼한 딸의 가정도 가난하여 노후를 의지할 수 없었던 박두리는, 나눔의 집에 입주할 '위안부' 피해 생존자를 모집하고 있다는 이야기를 듣자마자 신청했다. 신고 직후, 일본정부에 공식 사죄와 국가 배상을 요구하는 '관부재판(關釜裁判)' 원고 중 한 사람이 되었다.

이영숙은 나눔의 집에서도 유별나서 다른 할머니들과 잘 어울리지 못했다. 손님이 방문해 연회를 할 때도, 먹고 싶은 음식을 다 먹고 나면, 식탁의 소주를 병째 들고 본인 방으로 들어가 버린다. 공동 작업에도 나오지 않는다. 그런 제멋대로의 언동이 나눔의 집에서도 빈축을 샀다.

1922년생 이영숙은 열 살 무렵에 이미 고아였고, 오사카에서 남의집살이를 하고 있었다. 15세 때 조선으로 돌아왔지만 몸을 의지할 데도 없어 식당 점원을 하거나 남의 집 가정부를 하거나 하면서 살았다. 17세 때, "일본에 취직 알선을 해 준다는 조선 사람이 있으니까 같이 가자"고 친구가 권해서 살던 집에서 나왔다. 그러나 도착한 곳은 중국 광동(広東)이었다. '위안부' 생활은 7년 동안 계속 됐다. 육친도 친척도 없는 이영숙은, 24세 때 귀국한 후에도 술집, 식당 종업원, 가정부, 생선 장사 등 닥치는 대로 일을 쫓아 떠돌았다. 28세 때 아는 사람이 소개한 남성과 혼인 신고도 하지 않은 채 같이 살기 시작했는데, 서른 살이 넘어도 자식이 생기지 않자 남자는 이영숙을 떠났다. 혼자 살기 시작하면서부터도 일은 할 수 없어서 생활보호대상자가 되어 근근이 살아왔다.

나눔의 집의 일상 생활

1994년 2월, 나눔의 집은 같은 서울 시내의 종로구 혜화동으로 자리를 옮겼다. 내가 할머니들 취재를 시작한 것은 그로부터 10개월 지난 연말이었다. 새 나눔의 집은 재일한국인 소유의 한옥이었다. 그런데 건물이 낡고 온돌 난방이 되는 방은 하나뿐이었다. 할머니 여섯 분에게 방이 하나씩 돌아가긴 했으나 살을 에이듯 추운 겨울을 냉골에서 지내는 것은 노구의 할머니들에게는 몸에 무리가 갔다. 최연장자 박옥련은 이불과 담요 10벌을 겹쳐 깔고 덮고서 밤의 한기를 견뎠다.

거실로 사용하는 16평 정도의 마루방에는 대형 석유스토브를 놓고, 몸을 덥히기 위해 할머니들이 모여서 담소를 나누는 장소가 되었다. 거실과 인접한 9.7평 크기의 김순덕 방은 유일하게 온돌이 들어와서 할머니들이 식사하는 장소로도 사용되었다. 술주정 때문에 나눔의 집에서 한 번 나가야 했던 이용녀도, 김순덕의 따뜻한 방에서 함께 지내고 있었다.

거의 밖에 나가지 않는 할머니들의 하루 생활은 단조로웠다. 하루 세 끼 식사와 준비 및 설거지를 하고, 석유스토브 주변에 모여 수다를 떨고, 김순덕의 따끈한 온돌방에 누워서 텔레비전을 보거나 화투놀이를 하는 정도다.

강덕경은 김순덕, 박옥련, 박두리가 거처하는 안채 옆 건물에서, 나이가 비슷한 손판임과 9.7평 크기 방을 이웃하여 쓰고 있었다. 안채에서 다른 할머니들과 함께 식사할 때도 조금밖에 먹지 않고, 남양주 비닐하우스에서 살 때처럼 담배와 술을 손에서 놓지 못했다.

서울 시내 혜화동에 있었던 나눔의 집(1995년 1월)

나눔의 집 할머니들(1994년 12월)
(앞 좌측부터) 손판임, 통역 박종배, 강덕경, 박옥련 / (뒤 좌측부터) 이영숙, 김순덕, 이용녀, 박두리

가장 나이가 어렸지만 일본어를 쓰고 읽을 수 있고 말솜씨가 좋았던 강덕경은 나눔의 집의 리더 격인 존재가 되어, 1994년 초겨울 혜진 스님이 미국 유학을 떠난 후에는 강덕경이 나눔의 집의 회계며 외부와의 의견 조율 창구가 되었다.

한국 텔레비전에 나눔의 집과 그곳에서 지내는 할머니들이 소개되자 찾아오는 방문자가 늘었다. 학생 자원봉사 단체, 종교 단체 사람들, 여성 단체, 미디어 관계자, 거기에 일본의 지원자나 시민운동 그룹 등 다양했다. 무엇보다 연말에는 방문자 수가 급증하여, 어떤 때는 세 그룹을 동시에 응대하지 않으면 안 되는 날이 있을 정도였다.

방문객 응대는 강덕경이 책임지고 맡아 했고, 특히 일본인 손님을 응대할 때는 독무대였다.

1994년이 저물 무렵, 일본 큐슈(九州)에서 교사 일행 20명 정도가 나눔의 집을 찾아왔을 때의 일이다. 일행의 리더는 서교동 나눔의 집에 여러 차례 방문한 적이 있어서, 강덕경들과는 이미 안면이 있는 중년의 남자 교사였다. 문으로 들어온 일행 중에, 그 교사의 모습을 발견한 강덕경은, "에이(A)씨!"라고 이름을 외치면서 교사를 끌어안았다. 그러자 일행 중 한 사람이 "부인도 함께 오셨답니다"라고 강덕경에게 알려주었다. 그러자 강덕경은 주위를 둘러보면서 "부인은 어디 계세요?"라고 큰소리로 외쳤다. 부인을 발견한 강덕경은 양손을 뻗으며 부인에게 다가가 "사모님, 미안합니다. 사모님 미안합니다" 하면서 부인의 손을 양손으로 잡고 사죄하였다. 일본인 교사 일행과 다른 할머니들 사이에서 와 하고 웃음소리가 터져 나왔다. 유창한 일본어 그리고 그 자리의 분위기를 부드럽게 할 수 있는 유머 센스와 기지가 뛰어난 강덕경이기 때문에 가능한 퍼포먼스였다.

나눔의 집 할머니들 중에서도, 강덕경이 언니처럼 따르고 마음을 주었던 김순덕은, 강덕경이 죽은 후에 그녀의 성격이나 두 사람 관계를 내게 이렇게 말했다.

성격이 좀 특이했지요. 관대하지도, 좋은 성격도 아니었지. 상냥하게 말하면 좋을 것을 마치 벌이 침을 쏘듯이 발끈한 것처럼 말해요. 그래도 강덕경과 나는 언제나 둘이서 한국이며 일본에서 증언하기 위해 여기저기 다녔기 때문에, 밖에서도, 나눔의 집에서도 자매처럼 지냈습니다. 서로 정이 통해서 나도 강덕경을 동생처럼 의지했어요. 그토록 마음 아픈 과거 이야기를 엄마에게도 형제에게도 할 수 없었습니다. 강덕경과는 같은 경험을 한 사람으로서 이런저런 이야기를 나누었습니다. 그러다보니 자연스럽게 내 육친보다도 의지가 되고 더욱더 친밀해졌던 거죠.

제2장
여자정신대

소녀시절

강덕경은 1929년 2월, 경상남도 진주시 수정동 자택에서 태어났다. 진주는 일본 식민지 시기에 경상남도청 소재지로 번성했던 도시이다.

1998년 3월, 나는 당시 부산에 살고 있던 강덕경의 남동생, 강병희(당시 65세)의 안내를 받아 진주시 외가 터를 찾았다.

강덕경은 증언에서[1] "아버지는 일찍 돌아가시고 어머니는 재혼했기 때문에 나는 거의 어머니 친정에서 자랐습니다. 외가 살림살이는 그런대로 유복한 편이었습니다"라고 당시의 가정 환경을 말하고 있다. "어머니의 재

---

1 저자가 원서에서 인용한 『증언집』은, 『증언 - 강제로 끌려간 조선인 군위안부들(証言 - 強制連行された朝鮮人軍慰安婦たち)』(종군위안부문제 우리 여성 네트워크[從軍慰安婦問題ウリヨソンネットワーク], 아카시서점[明石書店], 1993)로, 이는 『증언집 I - 강제로 끌려간 조선인 군위안부들』(한국정신대문제대책협의회 · 정신대연구회 편, 한울, 1993)(이하 『증언집』)을 일본에서 번역 · 출간한 것이다. 한국어 번역본에서는, 원서에서는 없지만, 독자의 편의를 위해 한국어 『증언집』에서 해당 인용 부분을 찾아 쪽수를 제공하였다.

강덕경의 고향, 진주시(1998.5.)

혼"을 증명하는 자료가 강덕경이 다녔던 당시 진주제일공립국민학교(현 중안

초등학교)[2]에 남아있다. 졸업 명부에 강덕경의 성은 "김"으로 되어 있다.[3] 그것

은 아마도 모친이 재혼하기 전까지의 성으로 판단된다.[4] 그러나 계부도 강

---

2 저자가 1998년에 방문했을 때의 교명은 중안초등학교인데, 2022년 현재는 진주초등학교이다. 강덕경이 입학했을 때와 졸업 당시, 고등과 입학 및 졸업 당시의 교명이 각각 다르다. 강덕경이 입학한 1936.4.1.에는 진주제일공립보통학교(1919.5.8. 개칭)이고 졸업 1942.3.25. 및 고등과 재학중 여자근로정신대로 동원된 시기에는 진주길야(吉野)국민학교(1942.3.1. 개명)이다.
참고로 위의 책『증언집』273쪽 5째줄에 나오는 "중앙국민학교"는 '진주중안국민학교'가 올바른 교명이다.
3 좀 더 보완 설명하자면, 1942년 3월 25일 작성된 '제31회 졸업 아동' 목록에 강덕경의 이름은 가네오카 하루에(金岡春枝)라고 창씨개명한 이름이 적혀 있고, 이름 칸 위여백에 메모처럼 손글씨로 김덕경(金德景)이라고 쓰여 있다. 이와 함께 묶여 있는 생활기록부[学籍簿]에는 김덕경의 이름이 1942년 3월 22일 자로 두 줄로 삭제된 후 창씨개명된 이름으로 수정, 기재되어 있다. 이보다 먼저, 진주제일공립심상소학교 학적부에 1941년 12월 21일 자로 김덕경을 지우고 창씨개명으로 수정된 기록이 하나 더 있다. 강덕경의 창씨개명 신고년월일이 정확히 언제인지는 구 호적을 열람하지 못한 현재로서는 알 수 없다.
4 강덕경의 성씨에 관해서는 이 책 '옮긴이 서문'(18~19쪽)에 상세히 서술해 두었다.

덕경이 어린 시절 사망하였다. 그래서 소녀 시절 강덕경은 모친과 할머니, 거기에 4살 연하의 남동생 병희 4명이서 살았다. 병희의 증언에 따르면, 외할머니는 넓은 토지를 소유하고 있고, 땅을 팔아 생활하기 위한 집을 두 채 샀다. 부친은 없었지만 생활이 곤란한 적은 없었다. 이 두 남매가 함께 살았던 외할머니는 열렬한 가톨릭 신자로 집 근처 성당에서 주일 미사는 물론, 매일 새벽에 성당에 가서 기도드렸다. 병희에 따르면, 신앙 실천의 일환이었을까, 강덕경의 외할머니는 고아 4, 5명을 데리고 와서 키우고, 결혼까지 시켜주었다고 한다.

어렸던 강덕경도 그러한 외할머니 손에 이끌려 매주 일요일에 성당에 나갔다. 병희는 누나가 어릴 때 성당에서 세례를 받아 '베르다'라는 세례명을 받았다고 기억하고 있다. 강덕경 자신, 생전에 나와의 인터뷰에서 유아세례를 받았다는 걸 언급한 적이 있다.

강덕경의 외가 터에서 200미터 정도 떨어진 곳에 성당이 남아 있었다. 강덕경과 외할머니가 다녔던 1930년대 성당 건물은 그 후 증축되어 예전 건물의 2배 정도 크기로 달라져 있었다. 내부도 개축되어 예전의 모습은 없다.

일제 때부터 이 성당에 재적하고 있는 신부가 당시 세례를 받은 신자 명부를 찾아 주었다. 그러나 "강 베르다"라는 이름을 찾을 수는 없었다.[5]

"매우 활발하고 친구들이 집으로 엄청 찾아와서 함께 자주 놀러가거나 했어요. 그치만 공부를 안 해서 엄마한테 자주 두들겨 맞았어요"라고 강병

---

5 옮긴이는 저자의 조사결과에 더해, 김덕경이라는 이름을 근거로 '김 베르다'까지를 찾아보았다. 옥봉성당이 소장하고 있는 세례대장에 베르다(당시 표기 벨다)로 세례 받은 분이 몇 분 있었지만 생년월일이나 부모의 성이나 주소 등의 이유로 일치하는 신자가 없었다. 이 자리를 빌려 옥봉성당 박철현 미카엘 신부님과 최윤서 소화데레사님의 협조에 감사 드린다.

희는 소녀시절의 누나를 말한다.

한편, 강덕경은 모친에게 강한 반항심이 있었다고 병희는 말한다. 그것은 이유가 있었다.

> 엄마는 이웃 남자와 연인 관계가 되어 임신하여 아이를 낳았습니다. 그 애
> 가 막내 남동생이에요. 누나는 그런 엄마에게 강한 반감을 갖고 있었어요.

강병희 또한 그런 모친에게 반발하여 소년 시절 집을 뛰쳐나왔다. 혼자서 부산으로 간 강병희는 고아원을 전전하였다. 후술하겠지만, 누나 강덕경이 일본에서 귀국한 1946년 당시, 병희가 집에 없었던 것은 그런 사정이 있어서였다.

'여자정신대'의 흔적

강덕경이 다닌 진주제일공립국민학교는 현재 중안초등학교로 바뀌었는데, 옛날 그 자리에 남아 있다. 강덕경은 이 학교의 초등과를 졸업하고 당시 막 신설한 고등과에 진학하였다.[6]

1998년 3월 6일, 강병희의 안내를 받아 나는 중안초등학교를 방문하였다. 50년도 전의 재학생 기록이 남아있을지 기대는 거의 하지 않았다. 강덕경이 이 학교에 재적했던 흔적을 찾아서 현장의 풍경이나 분위기를 접하는 것으로, 소녀시절 강덕경의 모습을 추적할 실마리를 뭐라도 찾을 수 있다면 좋겠다고 생각하고, 학교를 찾아갔다. 그런데 뜻밖에도, 당시의

---

6 『증언집』(273쪽)에 있는 대로 강덕경은 1942년 3월에 "6학년 졸업을 하고 놀고 있"
  다가 1943년 4월 고등과에 입학하였다. 진주길야국민학교 고등과는 강덕경의 기억
  보다 이른 시기인 1942년에 신설된 것으로 판단되고, 이는 국가기록원 소장 자료
  (1942년 입학 학적부)로 확인된다.

학적부가 보존되어 있었다.

　교감이 창고에서 가지고 나온 1944년 고등과 학적부 첫 페이지에는 전교생 21명의 이름이 나란히 적혀 있었다. 모두가 일본어 이름이다. 1939년 (소화14년) 조선총독부가 황민화정책의 일환으로 제창한, 조선민족의 성명제를 폐지하고 일본식 씨명제로 바꾸는, 이른바 '창씨개명'정책 때문이다. 강덕경의 일본어 이름이 "가네오카 하루에(金岡春枝)"였던 것은 남동생 병희에게 들어서 알고 있었다.

　'가네오카 하루에'라는 이름은 명부의 두 번째에 등록되어 있었다. 강덕경의 학적부에는 당시 고등과 1학년의 성적, 성격, 가족의 교육 의식 등이 기재되어 있었다. 성적은 10점 만점 평가에서 국어 7, 국사 6, 지리 5, 체조 7, 재봉과 가사 7로, 문과계 과목은 평균보다 높았지만, 이과계는 산수 4, 이과 4로 그다지 좋지 않았다. 유난히 뛰어난 과목은 음악으로 9, 만년에 재능을 꽃피운 미술은 7이라는 평가를 받았다.

　강덕경의 학업 성적이 비교적 좋았던 배경에는 우선 모친의 교육열이다. 가족의 교육 의식란에는 "교육에는 비교적 관심이 있다"라고 되어 있다. 담임 교사가 직접 손글씨로 적어 놓은 평가란에는 "지기 싫어함, 비교적 실무에 뛰어나지 못함"이라고 적혀 있다. 또한 건강 상태에 대해서는 "비대함"이라고 쓰여 있다. 교감이 "살이 쪘다는 의미입니다"라고 설명했다.

　이 명부에 의해 강덕경이 학교를 중퇴한 사실과 그 이유를 확인할 수 있었다.

　'가네오카 하루에'의 명부 첫 페이지의 이름 바로 옆에 "소화 19년(1944년) 6월 3일 퇴학, 내지(內地)[7]의 여자정신대 입대를 위함", 또한 마지막 페이지

---

7 '내지'는 제국주의 일본의 영토 중에 본토를 가리키는데, 식민지는 외지로 구분하여 법률이나 제도 등의 적용을 통해 차별하였다.

아래 칸에 "도야마(富山) 시 후지코시 강재 주식회사(不二越鋼材株式会社)에 정신대로 입소"라고 명시되어 있었다. 고등과 1학년[8] 학급에서는 강덕경 외에 여자정신대에 참가한 학생이 한 명 더 있었다. '임숙자'라는 이름의 학생으로 강덕경은 이 급우에 대해서 "우리 반에서 급장과 나 이렇게 둘이 갔습니다. 급장이었던 친구는 반에서 제일 공부를 잘 했고, 집도 부자였습니다"라고 증언하였다. 명부에 적혀있는 본적지를 근거로 '임숙자'를 찾아보았으나 그 후의 궤적을 찾을 수 없었다.

강덕경은 후일에 『증언집』[9]에서 '여자정신대'에 응모한 경위를 이렇게 말하고 있다.

> 국민학교 고등과 1학년 때의 일입니다. 고등과 1학년 일본인 담임 선생이 가정 방문을 와서 정신대로 나가라고 했습니다. 배우기도 하고 돈도 벌 수 있다고 했습니다. 선생이 가고 난 뒤 엄마는 안된다고 울고불고 난리가 났으나 나는 가기로 했습니다.

당시 조선의 소녀들이 여자정신대에 응모한 동기로는 진학열과 가난한 가정에 경제적 원조를 하고 싶다는 가족애에서였다고 한다.

1944년부터 후지코시 강재 주식회사의 여자정신대 기숙사에서 '지도교육자'로, 조선인 소녀들의 지도를 담당했던 나카타니 기요코(中谷清子, 당시 75세, 도야마현 거주)는 다음처럼 술회하였다.

---

8 『증언집』(273쪽)에도 강덕경이 여자근로정신대로 동원된 것이 "고등과 1학년 때"라고 되어 있으나 자료 확인 결과, 1943년에 입학하고 1944년에 동원되었으니 고등과 2학년이 맞으니 정정한다.

9 273쪽.

개중에는 소학교 3학년(8살)짜리 아이도 있었습니다. 어째서 의무 교육을 받고 있을 아이들이 오는 걸까 생각하고 물어보니 소녀는 "조선에는 의무 교육이 없습니다. 선생님, 저희들은 여학교에 진학하고 싶었습니다"라고 말하는 겁니다. 아이들의 이야기에 의하면 후지코시 직원과 함께 도야마 현청 직원들이 찾아와서, "후지코시에 오면 여학교에도 다닐 수 있게 해드립니다. 다도도 꽃꽂이도 배우게 합니다. 교토 여행도 도쿄 여행도 하도록 해드립니다"라고 말하며 권했다고 했습니다. 그렇지만 그런 일들은 전혀 없었지. 속여서 데리고 온 거예요. 다만 일주일에 세 번, 한 시간 정도씩 후지코시 직원이 산수를 가르치거나 내가 봉재를 가르친 정도였습니다. 아이들은 "선생님, 계약과 전혀 달라요"라고 말하며 울었습니다.

한편 강덕경의 경우, 여자정신대에 입대를 희망한 것은 "공부도 할 수 있고 돈도 벌 수 있다"는 동기만이 아니었지 않을까 생각한다. 함께 살고 있던 외할머니에게는 토지며 집 등 재산이 있어서, 강덕경이 공부를 계속하는 것을 걱정하지 않으면 안되는 재정 상태일 리가 없을 것이기 때문이다. 남동생 병희의 증언을 통해 추측하자면 오히려 남편도 아닌 남자와의 사이에서 아이를 낳은 모친에 대한 반발도 덕경을 '여자정신대'로 내몬 요인 중 하나이지 않을까 하고 생각한다.

강덕경의 학적부에는 "1944년 6월 3일 퇴학, 내지 여자정신대 입대를 위함"이라고 적혀 있다. 진주에서 일본으로 떠난 시기는 이 날짜 직후였을 거라고 추정된다. 강덕경 자신의 증언에 의하면 진주에서 여자정신대로 모인 소녀는 50명이고 부산으로 가는 도중인 마산에서 50명이 더해지고, 부산에서 또 50명이 더해져서 총 150명의 대원이 모였다. 부산에서 연락선으로 시모노세키로 가서 그곳에서 육로로 도야마로 향했다.[10]

---

10 강덕경은 부산에서 여자근로정신대로 "떠나기 전 도청으로 갔다. 도지사도 참석한

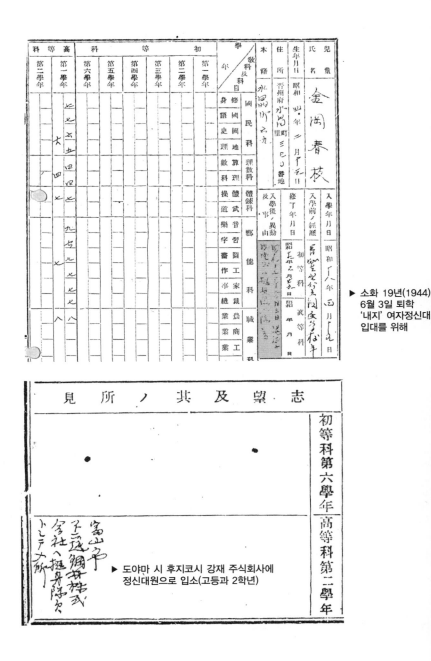

科等高		科 等 初						學年 教科及科目	本籍	住所	生年月日	氏名 兒童
第二學年	第一學年	第六學年	第五學年	第四學年	第三學年	第二學年	第一學年		晉州郡 水晶町 云九	晉州府 水晶町 三巴 番地	昭和 四年 二 月 十五日	金 海 春 枝
								修身 國民科				
								國語 國民科				入學年月日 昭和 八年 四 月 七日
								國史 國民科				
	五							地理				入學前ノ經歷
大	五							算數 理數科				晉管地方公立文芳春年
	四							理科 理數科				
丁	四							體操 體鍊科				修了年月日
	七							武道 體鍊科				初等科 昭和十五年三月二十五日
								音樂 藝能科				昭和 年 月 日
	七							習字 藝能科				
	四							圖畫 藝能科				入學後ノ異動 及事由
	九							工作 藝能科				
	七							家事 家政科				
	六							裁縫 家政科				
	八							農業 職業科				
	八							商業 職業科				
								工業 職業科				

▶ 소화 19년(1944)
6월 3일 퇴학
'내지' 여자정신대
입대를 위해

見 所 ノ 其 及 望 志		初等科第六學年 高等科第二學年
富山市 不二越鋼材株式 會社ヘ挺身隊入 トシテ入所		

▶ 도야마 시 후지코시 강재 주식회사에
정신대원으로 입소(고등과 2학년)

강덕경의 학적부

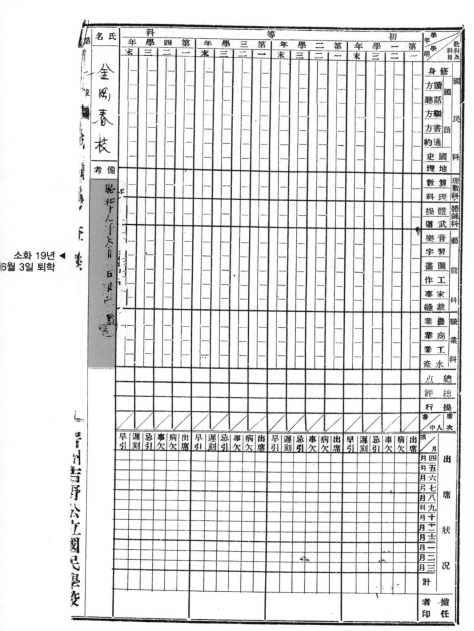

소화 19년 ▶
6월 3일 퇴학

강덕경의 진주길야공립국민학교(1943년 입학 고등과) 성적고사부(成績考査簿)
(진주초등학교 소장, 2022년 8월 윤명숙 수집)

강덕경이 여자근로정신대로 떠나기 전 장행회를 가진 경남도청(현재 동아대학교 석당박물관) ⓒ윤명숙

『후지코시 50년사』(1978년)에 의하면, 강덕경들이 보내진 '후지코시 강재 주식회사'는 절삭공구며 측정 공구, 치공구, 축받이 등을 생산하는 도야마 현에서도 유수의 대기업이었다. 1941년 12월, 일본이 태평양전쟁에 돌입하면서 정부는 '중요산업단체령'에 의해 철강, 석탄, 정밀기계, 조선 등의 주요 산업별 통제회를 설립하고, 군수 생산력의 증대를 명했다. 후지코시도 군수공업의 일단으로서 다양한 우대 조치와 함께 군에서 엄격한 증산 명령이 내려졌다. 공구며 축받이의 생산 확충만이 아니고, 해군 공창(工廠)으로부터 고각포의 부품 주문이며 기총 부문의 제작 명령 등, 직접 병기 생산도 요구받았다. 또한 항공 발동기용, 어뢰정 기관용 등의 치공구

_____

부산 도청 마당에서 열린 '장행회(壯行會)'에서 내 친구가 출정식사를 읽었다"고 증언하였다.(『증언집』, 273쪽)

의 수주도 격증했다. 나아가 항공기 등 병기 생산에 불가결한 부품인 축받이는 전쟁 때문에 외국 제품의 수입이 완전히 끊겨서 수요가 급증했다. 후지코시의 축받이 생산의 시장 점유율은 1941년 9%에서 1944년 24%까지 급성장하고 있다.

이러한 생산 증대의 요구에 응하기 위해서는 노동력의 확보가 불가결이었다. 이전은 노동력의 공급지가 도야마였는데, 전쟁 돌입 후 노동력 부족이 심각해지자 인원 보충을 위해 이시카와(石川), 후쿠이(福井), 니이가타(新潟) 등 인접 현으로, 그리고 이후 아이치(愛知), 미에(三重), 교토(京都), 아키다(秋田), 야마가타(山形) 등지로까지 모집 지역이 확대되었다. 그래도 충원을 따라잡지 못하자 홋카이도(北海道)나 큐슈(九州)에서도 모집을 할 수밖에 없게 되었다.

한편 전황의 악화에 따라 후지코시의 공장 종업원 남성 중에서도 군인으로 소집되는 자가 증가하여 숙련공이 감소하는 문제가 생겼다. 이를 보충하기 위해서 중학생까지 동원되었다. 조선반도에서 여자정신대를 도입한 것은 이러한 상황이 배경에 있었다.

『후지코시 50년사』에도 여자정신대에 대해서 언급한 부분이 있다.

군수 생산 수행을 위해 당사는 태평양전쟁 발발 직후부터 1944년까지 수차례에 걸쳐 다수의 징용공을 맞이하고 또 여자정신대, 학도 동원에 의한 연소자나 여자까지도 생산에 참가하였다. 이어서 조선반도에서도 1944년부터 45년에 걸쳐 여자정신대 1,090명, 남자 보국원 540명이 입사하여 공장은 사람들로 꽉 차는 모습마저 보였다. 말하자면 숙련공의 대부분은 군에 소집되고, 그 뒤를 미숙련공의 숫자로 메꾸는 형태가 되었던 것이다.

가슴에 일장기를 붙인 여자정신대원들은, 고적대를 선두로 숙사로부터 눈발을 맞으며 공장으로 향했다. 공장에는 그야말로 문자 그대로 불면불휴

상태에서 작업에 종사하고 거기엔 조국을 사수한다는 비원이 담겨 있었던
것이다.

조선에서 보내진 강덕경과 여자정신대원들은 후지코시 공장 부지 내
에 있는 '12 애국료'에 수용되었다. 나카타니 키요코(中谷淸子)에 의하면
'12 애국료'는 지금의 통용문 가까이에 있고 네 동 정도의 건물로 이루어
졌다. 한 동은 사무소이고, 나머지 세 동은 소녀들의 숙사였다. 소녀들
은 출신지에 따라 나뉘는데 나카타니는 인천과 경성(현재의 서울) 출신의 아
이들 약 50명을 담당하였다. 이외에도 경상남도나 경상북도 출신자를 위
한 건물이 있고, 전부 300명 정도의 소녀들이 생활하고 있었다고 한다.
1945년 초두에는 추가로 '13 애국료'가 지어져 새로운 300명 정도의 소
녀가 수용되었다.

후지코시 공장에 도착한 직후, 강덕경 외 신입 여자정신대 대원들은 일
주일 정도 공장을 견학하고 기계의 조작 훈련 등을 받은 후에 도야마 시에서
서쪽으로 20킬로미터 떨어진 신미나토(新湊)[11] 주변에 소풍을 나갔다.

> 신미나토와 후시키(伏木)의 접경 부근이었다. 바다가 있었으며 그 근처
> 에는 조선인이 많이 살고 있었습니다. 우리가 물을 뜨러 가니까 조선에서
> 왔냐고 하면서 반가워했다. 우리도 너무 반가워서 얼싸안고 기뻐했습니
> 다. 기숙사의 음식은 맛이 너무 싱겁고 찍어먹을 것도 없어서 고생하고 있
> 을 때라 소금 한 덩어리만 달라고 사정을 했습니다. 그리고 그 동네를 눈여
> 겨 잘 봐두었어요.(『증언집』)[12]

---

11 현 이미즈(射水) 시.
12 274쪽.

강덕경의 출신 학교, 현 중안초등학교(1998년 3월)

후지코시 공장의 정문 앞(1998년 6월)

강덕경은 기숙사에서 수개월 후에 도망쳤을 때와 일본 패전 직후 '위안
소'에서 해방되어 귀국할 때까지 수개월 동안을 이 지역에 사는 한 조선인
가족에게 몸을 맡긴다.

일본의 중일전쟁 발발 이전과 전쟁 당시의 신미나토를 알고 있는, 신
미나토 시 하치망마치(八幡町)에[13] 거주하는 사이 난우(崔南宇, 당시 73세)에 의
하면, 일본의 패전 이전의 신미나토에는 '고슈하 강업(高周波鋼業)'[14]에서 징
용공으로 일하는 조선인과 그 가족들 약 300명이 살고 있었다고 한다. 그
대부분은 강덕경과 같은 경상남도와 경상북도 출신자였다. 또 신미나토
와 후시키 경계 부근에 위치한 나카후시키(中伏木)에는 철강회사 '니혼 강관
(日本鋼管)'의 '한바(飯場, 토목·건축 공사 현장 가까이에 가설한 노동자의 합숙소)'에 100명
정도의 조선인 독신자들이 생활하고 있었다. 여기에는 가족과 함께 살았
던 사람은 거의 없으니, 강덕경이 몸을 의탁했다는 조선인 가족은, 아마도
신미나토 하치망마치 주변의 조선인 부락에 살고 있던 것은 아닐까 하고
사이 난우는 추측하였다.

기숙사 생활

강덕경은 후지코시 일에 관해서 『증언집』[15]에서 이렇게 이야기 하고 있다.

---

13 정(町)은 일본의 행정단위 중 하나로 시(市)와 촌(村)의 중간에 위치하며 한국의 '구'
나 '읍' 정도에 해당된다. 일본어로는 현에 따라 '마치' 혹은 '쵸'로 읽히지만 동일한
단위이다.

14 '고슈하 강업'은 1934년 고주파 전격 정련법(高周波電擊精鍊法)이 발명된 후 1936년
1월 자본금 1,000만 엔으로 일본고주파 중공업 주식회사가 설립되었고, 1937년 10월에
도야마 공장이 완성되었다. 현재의 사명인 고슈하 강업 주식회사는 1950년 5월에 '고
주파 중공업'의 국내 자본을 계승하면서 발족되었다.(http://www.koshuha.co.jp/
corporate/history.html 2022.07.08. 검색)

15 274~275쪽.

근무 시간은 열두 시간이었으며 낮일, 밤일을 일주일씩 교대로 했습니다. 거기서의 일은 선반으로 비행기 부품을 깎는 것이었습니다. 부품은 아주 정교하게 깎아야 했는데 재료가 너무 단단할 때는 바이트가 타서 그냥 하루를 보낼 때도 있었습니다. 진주에서 함께 간 대원들은 모두 선반으로 부품을 깎는 일을 했습니다.

강덕경에 의하면 기숙사 방은 다다미 열두 장(19.44평) 정도 크기로 12, 13명이 한방에서 생활했다. 소녀들은 진주, 마산, 부산과 같이 출신지 별로 반이 나뉘어져 방도 따로 썼다.

당시 아직 15살이었던 강덕경에게 가장 힘들었던 것은 허기였다.

공장에 있을 때는 일도 힘들었지만 배가 너무 고파서 참을 수 없었습니다. 밥과 된장국, 단무지가 고작이었고, 밥도 아주 조금밖에 주지 않았습니다. 밥을 아껴 먹으려고 한 알씩 한 알씩 세며 먹기도 하고 젓가락에 붙은 밥알도 깨끗하게 먹었습니다.

점심으로는 조그만 삼각형 콩떡 세 개를 주었는데, 배가 너무 고파서 점심 시간이 되기 전에 다 먹어 치우기 일쑤였습니다. 그래서 다른 방으로 가야할 밥을 몰래 가져와서 먹기도 했습니다. 그러면 다른 방 사람들이 굶게 되는 줄도 모르고.(『증언집』)[16]

'12 애국료' 시절의 강덕경을 아는 여자정신대원이었던 사람이 있다. 1998년 당시 한국 강원도에 살고 있던 이종숙(당시 68세)은 정신대로 후지코시에서 일한 미불금과 손해 배상을 요구하는, 이른바 '후지코시 소송' 원고 중 한 사람이었다.

---

16 275쪽.

당시의 강덕경과 거의 같은 시기에 '12 애국료'에 살고 있던 이종숙 역시도 기숙사의 빈약한 식사 때문에 늘 공복으로 힘들었다.

> 식사 당번이 있어서 작은 통에 밥을 받아 옵니다. 그런데 밥은 반 정도밖에 들어있지 않아요. 국을 담는 통은 노란색이어서 된장국처럼 보여도, 실은 허연색의 소금국이었습니다.
>
> 밥 양이 너무나 적어서 눈이 오기 전에는 길가에서 미나리를 따와서 생으로 먹기도 했습니다. 강덕경은 1기고 우리는 2기로 왔습니다. 서울 출신인 나는 2층이었습니다. 강덕경 등 경상남도 출신자나 전라도 출신자는 1층에 있었습니다. 1층에서 사투리 섞인 말소리가 들려와서, 계단을 내려와 얘기해 보니 진주에서 왔다고 해요. 우리들의 선배였기 때문에 언니라고 불렀습니다. 배가 고파서 강덕경들은 마을에서 구걸을 해서 쌀을 가져왔습니다. 나는 그걸 좀 얻어 먹으려고 그들의 비위를 맞추려고 노력했습니다. 언젠가 조금 얻어 먹기도 했습니다. 그 후 서로 알게 되었습니다.

후지코시에서 일하기 시작하고 두 달 쯤 지났을 때, 공복과 중노동을 견디지 못하고, 강덕경은 진주제일공립초등학교[17] 동급생이던 임숙자와 함께 기숙사에서 도망쳤다. 강덕경들이 목표로 한 곳은 소풍 나갔을 때 알아둔 신미나토의 조선인 마을이었다. 그러나 얼마 안 돼 기숙사 사감이 수색을 와서 금방 발각되어 도로 끌려갔다.

"공장에 끌려가서 여러 차례 얻어 맞았습니다. 모범을 보여야 할 너희가 이런 짓을 한다고 호통을 들었습니다"라고 강덕경은 당시를 이야기했다.

---

17 강덕경이 다니던 학교는 1985년 9월 경상우도소학교로 설립된 이래 꽤 여러 차례 교명이 바뀌었다. 강덕경이 여자근로정신대로 동원된 1944년은 진주길야(吉野)공립국민학교가 공식 명칭이다.(진주초등학교 홈페이지 주요연혁 참조)

제3장
'위안소' 생활

강간

강덕경이 기숙사에서 두 번째로 도망간 시기는 명확하지 않다. 1992년 8월, 강덕경은 나가노 현(長野県) 마츠시로마치(松代町)에서 가진 강연에서 두 번째는 첫 번째 도망에서 끌려 돌아온 다음, "그 해(1944년) 겨울을 지나고 (첫 도망에서) 몇 달인가 뒤"라고 증언하였다. 아마도 1945년 봄으로 판단된다.

강덕경의 도망에 관해서 이종숙도 당시 기숙사에서 들어 알고 있었다.

그렇게 배가 고프니, 어디론가 사라져 버렸으면 좋겠다고 다들 말했지만, 도망가면 고향에 돌아갈 수 없을 거라서, 걱정돼서 우리는 거기서 꼼짝없이 참고 있었습니다.

정신대 1기로 1층에서 지내고 있었던 사람들은 말투도 거칠고 활달한 성격이 많았다. 내가 덕경 씨를 찾아 가니까, '갔어, 가버렸어'라고 하였다. 어디를 갔냐고 되물으니 '도망갔다'고.

강덕경 자신은 두 번째 도망과 그 후의 일을 나와의 인터뷰에서 이렇게 증언하고 있다.

(기숙사에서) 밤에 이불을 깔아 두고 자는 척하고 친구와 둘이서 도망갔습니다. 밖으로 나오니 차가 접근해 왔습니다. 나는 깜짝 놀랐습니다. 눈치채고 옆을 보니, 운전사와 군인 1명이 앉아있었습니다. 함께 도망나온 친구는 이미 없었습니다. 그때 얼마나 달렸는지 모릅니다. 나이도 어렸고.

내 옆에 앉아 있던 군인이 내게 "차에서 내려"라고 말했습니다. 조금 걷고 나서 나를 강간했습니다.……. 당시 나는 아직 어린애였습니다. 나는 그때 처음으로 순결을 빼앗겼어요. 그때는 그게 어떤 의미인지도 몰랐고, 나중에 알았습니다. 옛날에는 16살이라고 하면 어린애와 같았습니다. 아랫배에서 피가 나왔습니다. 그저 무서워서 아무 말도 할 수 없었습니다.

한편, 『증언집』[1]에서는, 그때 상황을 좀 더 상세하게 말하고 있다.

트럭에는 헌병, 운전병, 나, 모두 세 사람뿐이었습니다. 나를 붙잡은 사람은 빨간색 바탕에 별 세 개가 박힌 계급장을 단 헌병이었습니다. 처음에는 이름도 계급도 몰랐는데 나중에 자주 보면서 알게 되었습니다. 그 헌병은 자기 이름을 '고바야시 다테오'라고 말했습니다.

운전병 옆에 앉아서 가다가, 고바야시는 중간에 차를 세우고 날 내리라고 해서 야산으로 데리고 갔습니다. 천지를 모르게 깜깜한 밤이었습니다. 거기서 그가 나를 덮쳤습니다. 남자를 상대한다는 것이 어떤 건지도 모르고 무서워서 반항도 제대로 못했습니다. 지금 같았으면 혀 깨물고 죽을 일이었지만 그때는 그저 무섭고 슬프고 막막한 느낌뿐이었습니다.

---

1 277쪽.

'위안소'

강덕경은 강간당한 직후에 헌병에 이끌려 어딘가 부대로 연행되었다. 보초병 둘이 지키고 있는, 부대의 천막 같은 집으로 끌려 들어갔다. 그 '집'은 천으로 된 칸막이로 방이 여러 개로 나누어져 있었다. 강덕경에게 주어진 방은 다다미 1장 반 정도의 크기²로 다다미는 깔려 있지 않았다. 강덕경은 군용 간이침대에서 잤다.

그 '집'에는 5명의 여성이 있었는데, 아무 말도 하지 않고, 신입인 강덕경을 가만히 쳐다보고 있었다. 이윽고 여성들이 작은 목소리로 조선말을 하는 소리가 들려서 강덕경은 처음으로 그들이 조선사람인 것을 알았다.

부대에서의 생활에 관해서 강덕경은 이렇게 말했다.

> 한 사흘쯤 있다가 고바야시가 와서 다시 건드렸습니다. 그러고 나서 다른 군인들이 오기 시작했어요. 거기서는 하루에 10명 이내로 사람을 받았습니다. 낮에 오는 군인은 없었고, 토요일 오후부터 많이 왔습니다. 나에게는 그 상등병 고바야시가 자주 왔습니다. 고바야시 외에 밤에 자고 가는 사람은 없었습니다. 잠은 주로 여자들끼리 같이 잤습니다. 군인들에 비해 여자들의 수가 모자라 쉬는 날은 없었습니다. 무섭기도 하고 밑이 따갑고 아파서 정신을 차릴 수가 없었습니다.
>
> 다른 데서 군인들이 오면 밤에 데리고 나가기도 했습니다. 난 거기서 '하루에'로 불렸습니다. 군인들이 이름을 부르면 여자들이 담요를 가지고 군인을 따라 나가야 했습니다. 깜깜한 야산에서 몇 사람인지도 모르는 군인들에게 윤간당했습니다. 너무 당해서 밑이 아파 못 걸으니까 군인들이 끌다시피 하여 천막으로 데리고 왔습니다. 그때의 비참한 느낌이란 정말 말로 다 못 합니다.³

---

2 약 2.48㎡이다.
3 278쪽.

니이가타(新潟)
나오에츠(直江津)
나다치마치(名立町)
노우마치(能生町)
이토이가와(糸魚川)
신미나토 시(新湊市) 하치망마치(八幡町)
오야시라즈(親不知)
도야마(富山) 현 도야마 시 후지코시(不二越) 공장
나가노(長野) 현 나가노 시 마츠시로마치(松代町)
도쿄(東京)
교토(京都)
나고야(名古屋)
오사카(大阪)
시모노세키(下関)

강덕경 관련, 저자가 방송국 취재반과 이동한 경로 등 참고 지도(한국어판 편집)

강덕경들은 그 후 부대와 함께 이동했다. "고급 택시같이 길쭉하게 생긴 국방색 자동차 한 대와 트럭 세 대에 나누어 타"서, "한편에는 계속 바다가 보였고 반대편으로는 산"이 보이는 길을 달렸다고 증언하고 있다.[4]

아마도 그 길은, 일본해[5] 연안으로 도야마 현에서 니이가타 현(新潟県)을 향해 달리는, 현재의 국도 8호선인 듯하다. 1998년 6월 나도 함께 방송 프로그램을 제작한 NHK 취재반과 그 길을 따라가 보았다. 도야마 시에서 1시간 정도 국도 8호선을 차로 달리면 해안가가 나온다. 그 도로는 산이 해안에 접해있는 오야시라즈(親不知)로 이어진다. 계속해서 해안을 따라 이토이가와(糸魚川), 노우마치(能生町, 현 이토이가와 시), 나다치마치(名立町, 현 죠에츠 시[上越市]) 순으로 국도 8호선이 이어지고, 나오에츠(直江津, 현 죠에츠 시)에서 나가노 현(長野県)으로 가는 국도 18호선에 진입한다. 거기서부터 나가노 시까지는 80킬로미터 정도의 거리이다.

---

4 『증언집』 279쪽에는 '물이 보였고'라고 되어 있다. 다만 원서에는 '바다(海)'로 되어 있고, 저자가 바다를 전제로 하여 글을 써내려가고 있기에 '바다'로 번역하였다.
5 일본인 저자가 일본인 독자를 대상으로 사용한 단어인 것을 감안하여, 원 표현 그대로 번역하였다.

"하루 종일 걸리지도 않고 도착했다"는 곳은, "근처에 연못 같기도 하고, 강 같기도 한 것이 있었고, 대부분 밭이었는데 주위에 나무가 유난히 많았"고, "부대는 아주 넓어서, 납작하고 지붕이 평평한 건물이 여러 군데 있었다"고 말하고 있지만(『증언집』⁶), 강덕경은 그곳 지명을 정확하게 기억하고 있지 않다. 다만 강덕경은 나와의 인터뷰에서 실마리가 될 만한 것을 이렇게 증언하고 있다.

> "처음에는 그 사람(고바야시)이 자주 나를 찾아왔습니다. 그때 점차 '이 사람을 잘 이용하면 도망갈 수 있겠다'는 생각이 떠올랐습니다. 그래서 고바야시에게 '여기가 어디냐'고 질문을 던져보았습니다. 일본말을 할 수 있어서 '여기는 어디입니까'라고 (그를) 계속 좋아하는 척하며 물었습니다.
>
> 이윽고 사리 분별이 가능해져서 어느 정도 상황을 알게 되었습니다. '여기가 어디인지', '돌아가고 싶다', '엄마 보고 싶다'고 말하면, 작은 바위에 앉아서, 내 어깨에 팔을 두르고 '조금만 더 있으면 돌려보내 줄게. 이건 비밀이야'라며 '여기에 천황폐하가 오셔'라고 말했습니다. '여기에 온다고 했는지, 이웃 동네에 온다고 말한 건지'는 내가 정확하게 묻지 않았지만, 어쨌든 천황폐하가 온다고 말하고 '이건 군사 기밀이어서 누구에게도 말하지 말라'고 하고, 어깨를 가볍게 두드렸습니다."

또한 마츠시로(松代)의 증언 집회에서 이렇게 증언하고 있다.

> 나는 또 도망가려고 여자에게 '여기는 어디입니까. 도야마에서 가까운지' 물었습니다. 여자는 모른다고 답했습니다. 그렇지만 확실하지는 않은데, 마츠시로인지, 마츠모토(松本)인지, 아오야마(青山)인지, 뭐라고 말한 것은 기억하고 있습니다.

---

6 279쪽.

이들 증언에서 유추하건대, 그 장소는 현재의 나가노 시 마츠시로 아니면 그 주변이라고 생각된다. 당시 마츠시로와 그 주변에서는 패색이 진해진 1944년 가을부터 앞으로 닥칠 본토 결전에 대비해서 천황 일가, 대본영, 정부 기능에 더해 방송국 이전을 위한 대 지하호 건설 공사가 시작되어 있었다. 많은 조선인 노동자(일설에는 약 7,000명)를 동원해서 아주 급하게 돌관공사를 진행했는데, 약 280일 걸려서 13,000미터나 되는데 지하호가 패전 직전에는 거의 완성되어 있었다고 알려져 있다. 이 시기 가혹한 노동을 강요당한 조선인 노동자에게 많은 희생자가 속출했다.

대본영과 정부 등의 이전 장소로서 마츠시로가 선정된 최대 이유는 해안선에서 멀리 떨어진 산중이고 암반이 단단하고, 가까이에 비행장을 갖추고 있던 것들이 꼽히고 있는데, 이곳 이름이 '신슈(信州)'인 것이 '신슈(神州)'[7]와 같아서 천황을 맞이하는데 적합한 지명이라는 것을 이유의 하나로 꼽는 설도 있다.

지하호 건설을 위해 모집한 군 관계자며 공사 관계자를 대상으로 마츠시로와 그 주변에 '위안소'가 설치되었다. 공사가 막 시작된 1944년 9월 이후 마츠시로에만 7곳의 '오키야(置屋) 업자', 이른바 '위안소'가 신규 영업을 개시하였다는 것을 알려주는 자료가 있다. 또한 실제로 공사에 관여했고 마츠시로에서 생활하고 있는 경험자에 의하면, '위안소'는 7곳을 포함해서 총 15곳 있었다는 증언도 있다.(히가키 다카시[日垣隆] 『마츠시로 대본영의 진실 – 은폐된 거대 지하호(代大本営の真実—隠された巨大地下壕)』고단샤[講談社] 현대신서, 1994.)[8] 그중에 조선인 '위안부'를 둔 '위안소'가 있었다. 그 건물은 이전에는

---

7 신슈(神州)는 신국(神国), 즉 천황(=신)이 다스리는 나라라는 의미로 일본이 자국을 뽐낼 때 사용하는 말이다.

8 135~136쪽. 저자가 인용한 내용과 자료명은, 히가키의 『마츠시로 대본영의 진실』 (135~136쪽, 269쪽)에 언급되어 있다. 자료 「예기세 부과에 관한 건(芸妓税ノ賦課ニ関

제지공장 여공들의 오락실(娛樂室)이었지만, 당국이 집주인(고자와 사토시[児沢聡])을 협박해서, 강제로 빌려서 '위안소'로 사용하고 있었다.

르포라이터 하야시 에이다이(林えいだい)는 『마츠시로 지하 대본영 – 증언이 밝히는 조선인 강제 노동의 기록(松代地下大本営―証言が明かす朝鮮人強制労働の記録)』(아카시서점[明石書店], 1992)에서 고자와 사토시에 대한 협박 상황을 인터뷰하여 상세하게 기록하고 있다. 다음은 '오락실을 빌려 달라'는 순사의 요청을 거절한 직후의 상황이다.

> 이틀 후에 마츠시로 경찰서 특고가 함께 와서, 같은 말을 하는 거야.
>
> "오락시설이라고 나리께서 말씀하셔도, 좀 더 구체적으로 말씀해 주지 않으시면 난 잘 모르겠소."
>
> "실은, 조선 노무자가 엄청 와 있어서 인근의 부녀자를 희롱하거나 강간이라도 하면 큰일이니까 조선인 위안부를 몇 명인가 데려오게 되었거든."
>
> 군의 명령이라고는 하지만 특고가 이처럼 부탁해도, 위안부를 내 건물 안에 둘 수는 없지. 여기처럼 봉건적인 사나다(真田)의 죠카마치(城下町)[9]에

スル件)』(하니시나[埴科] 지방 사무소장, 1946년 2월 12일)은, 마츠시로마치 세무(松代町税務) 『1945년 현세관계철(昭和二十年 県税関係綴)』에 수록되어 있다.
위 자료는 원자료를 확인한 바, 히가키가 136쪽에서 언급한 "'위안부로서 출현하는 급사부(給仕婦)'에 관련된 '예기세 부과'를 요구하는 통달"에 관한 것이었다. 다만, 원자료를 확인한 결과, 이 '위안부'의 출현 시기는 '1945년 말'에 해당하는 것이었다(현재로서는 여기까지가 확인된 내용이다). 이 책과 관련된 인용은 히가키의 책 135쪽에서 7곳의 오키야업자(置屋業者)가 신규영업을 개시하였다고 기술한 내용과 마츠시로대본영 공사 관련자의 증언을 더해 '위안소'라고 언급한 것인데, 자료 출처를 "하니시나지방사무소 『1945년 현세관계철(昭和二十年 県税関係綴)』"이라고만 명시하고 있을 뿐, 자료 건명이 없어서 현재로서는 해당 자료를 확인할 수 없었다. 자료 수집 등 추후 과제로 넘긴다.
마지막으로, 이 자리를 빌려, 코로나19로 인해 일본 방문이 어려운 상황에서 히가키의 책에 관한 해설이 가능하도록 도와준 여성들의 전쟁과 평화자료관(女性たちの戦争と平和資料館) 와타나베 미나(渡辺美奈) 관장과 나가노 시 공문서관까지 방문해 준 오랜 벗, 두 분께 감사의 인사를 전한다.

9 마츠시로는 일본의 근세시대에 사나다 번(真田藩)의 영주가 거주하는 성을 중심으로

서, 그런 일을 하면 대단한 웃음거리가 될 거고 조상님에게도 체면이 안 서고 친척들에게 알려지기라도 하면, 또 소소한 집세 정도로 집을 위안소로 빌려 주었다가는, 먼 훗날까지 수치스러우니까 나로서는 절대로 싫다고 하고 쫓아 버렸죠.

그러자 사흘 후에 다시 특고가 찾아 온 거야.

"나리, 당신네는 부녀자가 성희롱당하면 곤란하니까 위안소로 빌려 달라고 하지만, 나는 절대로 빌려주지 않는다잖아!"

라며 뿌리쳤어요. 그러자 특고의 안색이 확 변했지.

"고자와 씨. 우리들이 이렇게까지 머리를 숙이고 부탁을 해도, 당신은 국책에 협력할 수 없다는 건가! 군 명령이라는 걸 모르겠다는 거야! 군 명령이라고 하는 것은 황송하게도 천황폐하의 명령이기도 해."

특고는 최후의 카드를 꺼내 들었어요. 이젠 내가 마치 국적(國賊)이라도 된 듯한 말투였지요.

그 당시, 국책이랄까 정부가 하는 것에 반대하거나 협력하지 않는 자는 비국민이거나 국적이었으니까요.

애도 어린데, 내 집 안에서 추잡한 남녀 행위를 하는 것은 교육적으로도 큰 문제니까요. 그렇지만 내가 강경하게 반대하면 특고든 헌병대에든 끌려간다고 생각했어요. 반대하면 큰 재난이 덮쳐올 테니까. 할 수 없다고나 할까, 어쩔 수 없이 빌려줄 수밖에 없게 되었던 거죠.

재방문

1992년 8월, 강덕경은 '위안부'였던 때를 증언하기 위해서 전후 처음으로, 47년 만에 일본에 왔다. 나고야 시(名古屋市)와 미에 현(三重縣) 츠 시(津

그 주변에 형성된 도시이다.

市) 집회에서 증언한 다음, 8월 26일, 강덕경은 자신과 같은 '위안부' 피해 생존자인 이용수와 함께 마츠시로를 방문했다. 강덕경이 마츠시로에 가는 여정을 계획한 것은, 일본군'위안부' 등 일본이 일으킨 전쟁 피해자를 계속해서 사진으로 기록해온 카메라맨 이토 타카시(伊藤孝司)다. 이토는 강덕경이 증언한 '위안소'가 마츠시로일 가능성이 크다고 생각해서 강덕경을 현장에 안내하여 확인하고자 했다.

두 사람의 '위안부' 피해 생존자를 처음으로 맞이한 마츠시로에서는 26일 밤, 시민단체가 '아시아태평양지역의 전쟁희생자를 생각하고 마음에 새기는 집회·마츠시로'를 주최하였다. 강덕경은 흰색 치마저고리를 입고 100명 가까운 청중 앞에서 48년 전 일본에서 자신의 몸에 일어났던 일을 이야기했다. 증언의 마지막을 강덕경은 이렇게 마무리했다.

> 나는 여기에 앉아 증언하면서 여러분 얼굴을 봤을 때, 내 일생의 원한이 반은 없어진 것 같아요. 내가 아무리 계속 원한을 가지고 있다고 해도 내 청춘은 돌아오지 않습니다. 일본정부가 속히 사실을 인정하고, 사죄하고 보상하기를 원합니다. 또한 한국에 있는 무궁화 자매들(무궁화 자매회는 일본군'위안부' 피해자들 그룹)에게도 가능한 한 빨리, 죽기 전에, 마음을 다해서 사죄와 보상하기를 원합니다.
>
> 그리고 젊은 분들도 나이 드신 분들도 와계신 여기에서, 저는 이렇게 생각합니다. 옛날에 우리 할머니들이, 즉 희생자들이 없었다면, 어쩌면 여러분들의 어머니나 할머니들이 희생되었을 거라 생각합니다. 이 점을 깊이 생각해서, 가능한 한 빨리 일본정부가 사실을 인정하고 사죄, 보상하도록 설득하고 호소해 주세요. 나는 약해도 죽을 수 없습니다. 죽을래야 죽을 수 없어요. 여러분의 할머니, 어머니가 희생되지 않도록 우리가 도왔던 거니까 이번에는 젊은 여러분이 나를 도와주세요. 돈을 달라는 게 아닙니다. 단지 여러분이 열심히 정부를 설득하고 권해 주세요. 부탁드립니다.

다음날 이른 아침, 강덕경은 이용수와 사진작가 이토 다카시 등과 함께, 이전에 '위안소'였던 현장에 섰다. 당시 '위안소'였던 1층[10] 건물은 1년 전에 해체되어 현장은 공터가 되어 있었다.[11] 48년 전의 모습을 담고 있던 것은 두 그루의 소나무, 도로를 사이에 둔 연못, 그리고 주위를 둘러싼 듯한 산들뿐이었다. 그래도 강덕경은 한참 동안 주변을 돌아보고 나서, 주저앉아 버렸다. 이용수는 그때의 강덕경 모습을 선명하게 기억하고 있다. 나와의 인터뷰에서 이렇게 말했다.

강덕경은 거기서 여기저기 돌아보고 '어지럽다'며 그대로 주저앉아 버렸습니다. 내가 괜찮다며 등을 쓸어주었습니다. 잠시 눈을 감고 앉아 있다가 일어서서 주위의 산을 바라보고는 '틀림없어'라고 말하고 선 채로 울었습니다.

나는 키가 크고 강덕경은 작잖아요. 그녀가 쓰러질 것 같아서 감싸 안았습니다. 큰 충격을 받아서인지 몸을 떨고, 감각을 잃은 것 같았어요. 주위 산 쪽을 올려다보면서 '저 산이나 하늘은 옛날 그대로인데, 나는 왜 이렇게……'라고 말하고 쓰러질 듯해서 내가 받쳐주었습니다.

'위안소'는 이미 해체되었지만, 근처 절에 보존되어 있었습니다. 강덕경은 현장에 목재 계단이 그대로 남아 있는 것을 보고 '틀림없어'라고 말하고

---

10 강덕경이 현장 조사하러 간 마츠시로 위안소 건물은 '목조 1층'이다. 저자와 상의하여 본문을 수정하였다.

11 이곳 마츠시로 위안소는 저자의 언급대로 건물을 해체하여 그 일부를 '또하나의 역사관 마츠시로'를 건립하는 데 사용되었다. 건물주의 증언에 따르면, 위안소를 개설한 1944년 가을까지, 20대 전후의 3~4명의 조선여성이 '위안부'로 끌려왔다고 한다. 이용자는 일본인이나 비교적 높은 지위의 조선인이었다고 한다(http://www.matsushiro.org/daihonei/ianjo.htm). 또한 저자가 강덕경이 있었다고 추정하는, 마츠시로 위안소에 관한 지금까지의 조사 및 연구가 충분하지는 않지만, 최신 선행 연구 성과를 반영하면 이곳은 노무위안소(혹은 산업위안소)였을 가능성이 훨씬 높다(https://wam-peace.org/ianjo/resource/a-4163/). 앞으로 연구가 진전되어야 할 과제이다.

몸을 떠는 것처럼 느꼈습니다.

강덕경은 그대로 주저앉았습니다. 나는 등을 쓰다듬으면서 '괜찮아요. 안심하세요'라고 위로하였습니다. '여기가 틀림없어?'라고 묻자 '언니, 틀림없어, 얘기도 못할 정도로'라고 답했습니다. 나는 그녀에게 '함께 와준 일본 사람들에게도 여기가 틀림없다고 가르쳐 주는 게 어때?'라고 권했습니다. 그러자 강덕경은 '일본사람에게는 그런 얘기는 하고 싶지 않아'라고 말했어요.

강덕경이 현장을 찾아간 때로부터 6년 후인 1998년 6월, 나는 NHK 취재반과 함께 마츠시로에 가서 같은 장소에 섰다. 지금은, 그때 그 공터에 새로운 2층 건물로, 흰 벽 주택이 지어졌고, 그 앞은 주차장으로 변해 있다. 강덕경이 쭈그리고 앉았던 장소에서 오른쪽 10미터 정도 앞에 소나무가 보였다. 오십몇 년 전 똑같은 장소에 서 있는 소나무는 어떤 기억을 떠올리고 있을까. 강덕경은 당시의 '위안소'의 모습을 이렇게 증언하고 있다.

부대는 컸지만, 군인이 그렇게 많지는 않아 하루 대여섯 명 정도 상대했습니다. 거기서는 자고 가는 사람도 있었습니다. 돈이니 표 같은 것은 없었습니다.[12]

우리는 주로 큰 방에 있었습니다만, 군인들은 문밖에 대기하고 있다가 들어 왔습니다. 군복을 입은 사람이 부르면 건너편의 작은 방으로 들어갔습니다. 그 방은 두 사람이 누우면 조금 여유가 있을 정도였습니다. 요와 담요가 있고 유담포[13]가 놓여있습니다. 유담포는 발밑에 놓거나 안고 자라고 들었습니다만, 겨울이 엄청나게 추웠다는 기억은 없습니다.[14]

---

12 279쪽.
13 유담포는 한국어로는 탕파(湯婆)이며, "뜨거운 물을 넣어서 그 열기로 몸을 따뜻하게 하는 기구. 쇠나 함석, 자기 따위로 만들며, 이불 속에 넣고" 자는 기구이다(출처: 국어국립원 표준국어대사전 앱).
14 279쪽.

그곳에는 계급장이 없는 국방색 옷을 입은 남자 몇이 자주 드나들었고, 그 사람들이 밥을 가져다주었습니다. 식사는 모두 같이 하지는 않았습니다. 밥은 넉넉하지 않았고 된장국과 단무지, 어쩌다가 우엉조림을 주었습니다.[15]

난 아파서 그저 드러누워 있는 것이 좋아 가까운 바깥으로도 거의 나가지 않았습니다. 밑이 아파서 걸음도 똑바로 걷기 힘들었습니다. 복순 언니는 '남쪽에서 군인이 많이 온다'는 말을 해 주기도 했습니다만, 나는 토요일이 오는 게 죽기보다 무섭고 정말로 도망치고 싶은 생각뿐이었습니다.(『증언집』)[16]

해방과 임신

그 후의 발자취를, 강덕경 본인의 여러 증언을 통해 따라가 본다.

해방은 급작스럽게 찾아왔다. 어느 여름날, 주위가 갑자기 조용해졌다. 강덕경은 가까운 부대까지 가보았다. 부대에는 언제나 있어야 할 보초병이 없었다. 안에는 군인들이 쪼그리고 앉아 울고 있었다. 라디오에서 천황 폐하 방송이 들려왔다. 일본인들은 손수건으로 눈시울을 누르고 있었다. 강덕경이 거리로 나오자 길거리에서 "만세"하고 외치는 조선말 소리가 들려왔다. 트럭 위에서 깃발을 날리며 기뻐하는 조선 남자가 있었다. 징용되어 온 동포인 것 같았다. 스쳐 지나가려는 트럭 운전사에게 매달리면서 강덕경은 "어디로 가는 겁니까. 도야마에 좀 데려다 주세요"라고 사정했다. 남자는 놀라서 "어떻게 이런 데에 있어? 도야마에 왜 가는 거야?"라고 물었다. 강덕경은 "거기에 아는 분이 계셔서"라고 답했지만, 자신이 '위안부'였다는 사실은 아무래도 입 밖으로 나오지 않았다. 남자는 "도야마에는 안 가지만, 오사카까지라면 데려다줄게"라고 했다. 강덕경은 서둘러서 보자기에

---

15 281쪽.
16 281쪽.

간단한 짐을 싸서 트럭에 탔다. 같은 '위안소'에 있던 다른 여자도 2, 3명 동행했지만, 도중에 내려서 제 갈 길을 갔다.

오사카에 도착해서 그 남자가 수배해 주어서 강덕경은 트럭과 기차를 갈아타고 도야마 현 신미나토에 물어물어 겨우 도착했다. 후지코시 공장에서 처음 도망쳤을 때 보호해주고 밥도 준 방 씨라는 조선인 집을 찾는 것이 목적이었다. 강덕경에게 일본에서 유일한 지인이었다. 갑자기 찾아온 강덕경을 보고 깜짝 놀란 방 씨는 그곳에 돌아온 사정을 물었다. 강덕경은 물어보는 대로 그 후 자신에게 벌어진 일에 대해 털어놓았다. 방 씨는 조선으로 돌아갈 때까지 여기에 있으라고 권해 주었다. 그는 부인을 이미 여의고 아들 둘, 딸 둘과 살고 있었다. 강덕경은 이 집에서 집안일을 도우면서 지냈다. 이 집 옆집에는 일본인 여성이 5살 난 아이와 둘이서 살고 있었다. 방 씨는 그 여성과 깊은 관계인 것 같았다.

4, 5개월이 지났을 때 방 씨 가족은 해방된 직후의 조국에 돌아가기로 했다. 강덕경에게도 드디어 고향에 돌아갈 수 있는, 둘도 없는 기회였다. 방 씨 가족과 그의 형제 가족, 옆집의 일본인 여성도 동행하게 되었다. 기차로 오사카에 나온 일행은 겨울의 어느 추운 날, 오사카항에서 '야미 배'에 올랐다.

배 위에서 강덕경은 생각지도 못한 사실을 알게 되었다. 동행한 일본인 여성에게 자신이 임신했다는 사실을 듣게 된 것이다. 그 여성은 강덕경이 신미나토에서 지냈을 때부터 눈치채고 있었던 것 같다. 강덕경이 헌병에게 끌려가 강간당한 것은 월경을 시작하기 전이었다. 강덕경이 자신의 초경을 자각한 것은 마지막 '위안소'에 있을 때였다. 임신했다고 하면, 확실히 그 후일 거라고 강덕경은 생각했다.

"임신했다는 말을 듣고 눈 앞이 깜깜해졌습니다. 도저히 이대로 고향에 돌아갈 수 없어. 배에서 뛰어내려 죽어 버리자. 죽을 수밖에 없어'라고 생각했어요."

그러나 강덕경이 고민하고 있다는 걸 눈치챈 일본인 여성은 그녀가 자살해버리지나 않을까 걱정이 돼서 그녀에게서 한시도 떨어져 있지 않았다.

강덕경이 배에서 뛰어내릴라치면 그녀가 붙잡았다. 그 배의 후부에는 상자처럼 생긴 작은 배가 로프 두 줄에 묶여 있었다. 볼일을 볼 때는 그 로프를 의지해서 상자 배로 옮겨가지 않으면 안 된다. 강덕경이 그 '화장실'에 내려갈 때도 일본 여성은 함께 가서 절대 강덕경을 혼자 두지 않았다. 결국 강덕경은 자살할 기회를 놓치고 말았다.

출산

한편 진주의 가족은 1년 기한의 여자정신대로 일본에 간 강덕경이 돌아올 날을 손꼽아 기다리고 있었다. 일본 패전 직전인 1945년 초여름, 진주에서 제1기 여자정신대가 귀향한다는 소식을 학교가 각 가정에 전달했다. 강덕경도 그들 중에 당연히 있을 것이었다.

당시 12살 소학생이던 남동생 강병희는 누나를 마중하기 위해서 진주역으로 갔다. 그 당시의 상황을 강병희는 53년이 지났어도 명료하게 기억하고 있다.

　　오후 3시에서 4시 정도였습니다. 역전에 악기를 든 밴드가 기다리고 있었습니다. 여자정신대가 역에서 나오자 밴드가 연주를 시작하고 환영식이 시작되었습니다. 정신대 학생들은 역전 광장에 정렬하고 앞으로 나란히를 하였습니다. 식이 끝나자 밴드가 선두가 되어 학생들은 역에서 다리까지 행진했습니다. 나는 그 대열에 붙어 걸으며 누나를 찾아 돌아다녔습니다. 그런데 누나는 없었습니다. 나는 울면서 대열을 오른쪽으로 돌다가 왼쪽으로 돌다가 하면서 계속 찾았습니다. 다리를 건널 때까지 몇 번이고 셀 수 없을 만큼 찾아 헤맸습니다.

병희에게 딸이 돌아오지 않았다는 걸 들은 모친은 깜짝 놀라서 학교로 뛰어갔다. 그러나 학교에는 강덕경에 대해서 아무런 정보도 없었다. 강덕경과 함께 여자정신대로 도야마에 갔던 동급생 임숙자는 귀국했다. 모친은 임숙자에게 처음으로 딸이 도야마 공장에서 도망가서 행방불명이 되었다는 걸 알게 되었다. 모친은 통곡하였다.

1945년 겨울, 부산에 입항한 강덕경 일행은 기차로 전라남도의 작은 마을 남원으로 향했다. 남원은 강덕경을 데리고 와준 방 씨의 고향이었다. 부산에서 남원으로 갔다면 강덕경의 고향인 진주를 통과했을 것이다. 그러나 이때 외가에 들르지 않았다. 임신한 모습으로 모친을 만날 수 없다고 귀향을 주저했을지 모른다.

남원에 도착한 강덕경 일행은 방 씨의 본가에서가 아니고 남원 시내에서 귀국자들의 임시 피난 장소가 된 여관에 머물렀다. '국수(菊水)여관'이라고 불린 그 여관은 일본 식민지기 호남에서도 다섯 손가락에 꼽힐 정도로 정평 난 큰 여관으로 조선 총독이 이 지방에 내려오면 항상 묵을 정도였다. 남원 문화원장 노상준(당시 64세)에 의하면 당시 국수여관은 가로세로 300미터 정도 되는 광대한 부지에 세워진 것이라고 한다.

"해방 당시 나는 소학교 6학년이었습니다. 해방 후에는 여관 부지 안으로 들어가서 지하에 묻혀있던 도자기를 파내러 갔었지요. 한때는 미군들도 여기에 주둔했었습니다만, 나중에는 귀국하는 사람들의 피난 장소가 되고, 일본이며 중국에서 오는 귀국자들이 줄 서서 이 여관으로 왔습니다. 여기서 아이가 태어나기도 하고 사람이 죽기도 하는 일이 자주 있었습니다"라고 노상준은 당시에 관해 얘기했다.

읍사무소에서 이 여관 터의 토지 등기부를 조사해보니, 전전은 '마츠나가 긴스케(松永金輔)'라고 하는 일본인 소유였다가 해방 직후부터 48년 사이에는 소유자가 '국가'로 바뀌었다. 노상준의 증언에 의하면 그동안은 미군의 군정부 관할하에 있었다고 한다. 1949년에는 민간인에게 불하되었다.

국수여관 생활에 대해서 강덕경은 이렇게 얘기했다.

> 국수여관에 들어가니 거기에는 일본 각지에서 돌아온 동포들이 많이 있
> 었습니다. 여관의 반은 국방 경비대 군인들이 살고 있었습니다. 생활은 엉
> 망이었습니다. 감자나 고구마, 채소를 먹었습니다. 쌀은 적었거든요.
> 나는 그 여관의 다다미방에서 신미나토에서 함께 온 일본 여성이 출산을
> 도와줘서 남아를 낳았습니다. 출산 직후 한기가 들어 죽는 게 아닌가 싶은
> 정도였습니다.(『증언집』)[17]

강덕경이 아이를 낳은 국수여관 일부는 지금도 남아 있다. 내가 방문한
1998년 5월에는 밀레의 '만종' 모작이 걸려 있고, 피아노 연주를 직접 들
을 수 있는 현대적인 레스토랑으로 변모해 있었다.[18] 당시의 모습을 확인
할 수 있는 것은 옛날 그대로의 기와지붕과 천장, 50여 년 전부터 있던 정
원의 소나무와 단풍나무뿐이었다. 실내가 완전히 바뀌어 버려서 방안 모
습에서는 강덕경이 생활하고 아이를 낳았던 당시의 분위기를 상상하기는
어렵다.

---

17 282쪽. 다만, 이 부분은 원서의 문장에 충실하게 번역하였다.
18 국수여관 소재지는 남원시 하정동 156-13이다.

강덕경이 출산한 국수여관 터(1998년 5월)

제4장
회한

귀향

남원에서 강덕경 고향 진주까지는 약 50킬로미터, 버스로 두 시간 반 정도 거리지만 강덕경은 진주로 돌아갈 결심이 좀처럼 서질 않았다. 집에 돌아오기를 목이 빠져라 기다리는 가족이 아기를 안고 있는 모습을 봤을 때의 충격을 생각하면, 도무지 발이 떼어지지 않았을 것이다. 그러나 그런 강덕경의 등을 떠민 것은, 도야마 현 신미나토에서부터 동행했던 일본 여성의 귀국이었다. 사랑하는 조선 남자 방 씨를 따라 조선반도로 건너오긴 했지만 낯선 땅, 게다가 식민지에서 막 해방되어 혼란스러운 사회, 그 무엇보다도 35년간 식민지배를 계속해 온 일본인을 향한 분노와 반발이 소용돌이치는 곳에서 일본 여성이 생활한다는 것은 쉽지 않았을 것이다. 일본 여성은 방 씨와 헤어져 일본으로 돌아가기로 마음먹었다. 일본행 선박이 출항하는 부산으로 향하는 도중에, 강덕경의 고향 진주가 있다. 혼자서 귀향하는 것이 무서웠던 강덕경은 일본 여성에게 동행해 달라고 애원했다.

태어난 지 얼마 안 된 갓난아기를 안고, 강덕경은 일본 여성과 함께 고향 진주로 향했다. 2년 만의 귀향이었다.[1]

남원에서 진주까지는 철도가 없어서 강덕경은 차를 타고 진주로 갔을 것이다. 이러한 도정도 50년 전 그대로이다. 나는 강덕경이 달렸을 길을 버스를 타고 더듬어 봤다.

1998년 5월 초순의 어느 날 하늘은 납색으로 가랑비를 흩뿌리고 있었다. 벌써 모내기 계절이어서 버스 양쪽으로 논이 펼쳐지고 물이 가득한 수면엔 회색 하늘이 비치고 있었다. 이미 모내기를 마친 논은 연두색으로, 대나무 숲과 잡목림은 신록으로, 또 논밭 뒤편 가까이 산은 짙은 녹색으로, 저마다의 짙고 연한 녹색 풍경 속에서 농로며 하천이 하얀 핏줄처럼 뻗어 있다. 가끔 차창 밖을 스쳐 지나가는 농가도 이미 몇십 년도 전에 지은 것 같은 오래된 가옥들뿐이었다. 강덕경이 50년 전 지났을 이 길의 차창 밖 풍경과 크게 달라지지 않은 것 같은 풍경이었다.

강덕경은 이 풍경을 어떤 마음으로 보았을까. 생각하고 싶지도 않은 '위안부' 생활에서 해방되어 겨우 가족 품으로 돌아간다는 기쁨, 또 한편으로는 미혼모가 된 모습에 놀라고 탄식하고 슬퍼할 것이 틀림없는 모친에 대한 공포심, 그리고 '위안부' 경험에 대한 기억을 떠올리게 하는, 품에 안고 있는 아이에 대한 굴절된 감정……. 여러 감정이 착종하는 가운데 열일곱 살 덕경의 마음은 심하게 흔들리고 있었을 것이다.

외가에 돌아갔을 때의 상황과 그 후의 일들에 관해 강덕경은 나와의 인터뷰에서 이렇게 말했다.

---

1 원서(76쪽 첫째줄)에는 "1년 반만의 귀향"이라고 되어 있지만, 저자 확인과 동의하에 "2년 만의 귀향"으로 정정하였다(2022. 07. 13. 도이 메일).

(그때까지 동행한) 일본 여성이 이제 '더이상 한국에서 살 수 없다'고 나에게 이야기했습니다. 나는 엉엉 울면서 '그러면 나 어떡해요. 당신까지 가버리면 나는 어떡해요. 나도 데려가'라고 말하자 '그건 안돼. 난 내 아이를 데리고 일본으로 돌아가지만, 너는 고향 진주까지 데려다 줄게'라고 말했습니다. 그래서 일본 여성과 저는 진주 어머니 집에 갔습니다. 그때 나는 셋타(雪駄)라는 조리(草履)와 닮은 게타(下駄)²을 신고 있었습니다. 시내에 있는 집에 들어갔더니 어머니가 '어쩌자고 이런 꼴을 하고 온 거냐?'며 야단이 났습니다. 아기는 일본 여성이 안고 있었습니다. 어머니가 크게 소란을 피우는 바람에 나는 무서워서 아무 말도 하지 못했습니다.

어머니는 밥을 지어 일본 여성에게 주었습니다. 그녀가 집에 몇 시간이나 있었는지 기억 안 납니다. 드디어 그녀가 '나는 갑니다. 이제 헤어져요'라며 떠나려 했습니다. 이제부터 부산에 가서 일본행 배를 탄다고 했습니다. 나는 울음을 터뜨렸습니다. 어머니는 내가 그 일본 여성과 함께 도망가버리는 것은 아닌가 걱정해서 나를 붙잡았습니다.

유교 사상이 뿌리 깊고 여성의 정조를 중요시하던 당시의 한국사회에서 미혼으로, 그것도 아버지도 모르는 자식을 낳아 돌아온 열일곱 살 여자애가 주위의 호기심과 모멸에 찬 눈길에 노출되었을 상황은 쉽게 상상이 간다. 그 후의 일을 강덕경은 이렇게 이야기했다.

일본 여성과 헤어지고 나서 2, 3일 후에 같은 마을에 살고 있던, 사이좋았던 아저씨가 '부산에 알고 있는 고아원이 있는데 거기에 아이를 맡기지 않을래?'라고 물었습니다. 그 당시 아기에 대한 애정이라곤 눈곱만큼도 없었기 때문에 아저씨에게 부탁했습니다. 그래서 나는 아이를 데리고 아저씨와 함께 기차를 타고 부산으로 가서, 아저씨가 잘 알고 있는 부산 시내에 있는 가톨릭 고아원에 아이를 맡겼습니다.

---

2 일본 나막신.

모친이 강덕경의 아기를 받아주지 않은 데에는 다른 이유가 있었던 것 같다. 남동생 강병희에 따르면, 누나 강덕경은 모친에게 '내가 일해서 돈 벌어 양육비를 보낼 테니 키워주시면 좋겠다'고 애원했다고 한다. 그러나 당시 모친에게는 이웃에 사는 남자와의 사이에 태어난 어린아이가 있었기 때문에, 강덕경의 아기 맡기를 거절했다. "그 일로 누나는 엄마를 원망했습니다"라고 병희는 나에게 말했다.

아이의 죽음

아기를 고아원에 맡긴 후, 강덕경은 부산 시내 초량에 있는 평화식당에서 일하기 시작했다. 평화식당 자리에 병희가 나를 안내해 주었다. 부산역에서 가까운 초량지구 간선도로 연선의 한 모퉁이였는데, 예전의 가게는 재건축되어 단층 건물의 잡화점으로 변해 있었다. 식당에서 일하기 시작한 당시의 상황을 강덕경은 이렇게 말했다.

> 식당에서는 음식을 나르거나 화장한 언니들의 심부름을 하거나 해서 일은 힘들지는 않았어요.
> 술을 나르고 있으면 남자 손님 중에서 '잠깐 방으로 들어오라'고 부르는 사람도 있었습니다. 나는 무서워서 부엌으로 도망쳤습니다. 그러면 가게 주인이 그 손님에게 '얘는 그런 여자 아니'라고 말해 주었습니다. 옛날에는 식당 일을 좋은 장사라고 하지 않았지, (거기서 일하는 여자는) '행실이 나쁜 여자'라고 했었습니다.

1998년 3월, 나는 부산에서 강덕경이 아기를 맡긴 고아원을 조사했다. 먼저 1946년 당시 현존했던 천주교, 즉 가톨릭 성당을 찾아내는 것부터

부산 시내(1998년 3월)

강덕경이 일했던 평화식당 자리(1998년 3월)

시작하지 않으면 안 되었다. 우리는 강덕경이 일했던 초량지구의 성당을 찾아가서, 성당 명부에서 부산 시내 성당 중에서 일본 패전 직후에 있었던 성당을 조사해 달라고 하였다. 결과, 찾은 성당은 3곳, 이 중에서 당시 고아원을 운영하고 있던 곳은 한 곳이었다. 더구나 그 성당은 강덕경이 일했던 초량에서 멀지 않고, 『증언집』에서도 강덕경이 언급했던 부산진역 근처였다. 그 성당은 '범일(凡一)성당'이라 하고, 성당에 인접해 있는 고아원은 '소화(小花)보육원'이라고 불렸다.

범일성당에는 당시 보육원 원아로 세례받은 아이의 명부가 남아 있었다. 강덕경 아이의 이름을 알 수 없어서 실마리는 '강'이라는 성씨와 1946년생이라는 출생 연도뿐이었다. 강이라는 성 씨의 아이는 10명 정도였는데, 1946년생은 1명뿐이었다. 그러나 아이의 모친 이름이 '마리아'. 강병희에 의하면 강덕경이 진주의 성당에서 세례를 받았을 때 세례명은 베르다였다. 통역은 "가톨릭 신자에게 세례명은 자신의 목숨 다음으로 중요한 것이어서, 간단히 바꾸어서 등록하는 일은 생각할 수 없다"고 한다. 한편, 성당 직원에 따르면, 명부에 이름이 남아 있는 아이는, 보육원에서 세례를 받은 아이들만이라는 것이었다. 만일 강덕경의 아이가 세례를 받지 않은 채 사망한 거라면 명부에 등록되지 않는 것이다. 결국 강덕경의 아이가 이 보육원에 맡겨졌다는 것을 증명해줄 문서를 입수할 수는 없었다. 그러나 강덕경 자신의 증언과 당시 부산에서 보육원을 운영했던 성당은 이 범일성당밖에 없었다는 사실로 보면 강덕경이 아이를 맡긴 곳은 이 소화보육원이었다는 것은 거의 틀림이 없을 것이다.

소화보육원은 해방 직후인 1946년 2월, 범일성당 신부 정재석에 의해 성당 부지 내에 지어졌다. 직원은 책임자 정 신부 외에, 당시 보조신부였던 안달원과 자도르·세인트폴회 수녀 4명과 보모 5명이었고, 이들에 의해

운영되었다. 당시의 직원으로 우리가 찾을 수 있었던 사람은 이후 신부가
된 안달원뿐이었다.

안 신부는 이미 은퇴해서 부산 시내 고층 아파트에서 살고 있었다. 안
신부는 1948년 5월 6일에 촬영한 소화보육원 직원 전원과 당시 수용했던
아이들 전원의 기념사진을 보관하고 있었다. 사진 중에서 아이들은 37명,
그중에 당시 2살이던 강덕경 아이도 섞여 있을 가능성이 높다. 안 신부 얘
기로는, 보육원에 들고 나는 아이들이 많아서, 많을 경우에는 70명 가까
운 아이들이 있었고, 나이도 생후 1개월의 유아부터 소학생까지 폭도 넓
었다.

1948년 5월 소화보육원 집합 사진(안달원 신부 제공)

아이들이 시설에 들어오는 경위는 매우 다양했다. 일본 등지에서 귀국
한 부모가 여러 사정으로 키울 수 없는 아이들, 일본 패전 후 만주며 조선
반도에서 귀환한 일본인의 아이들, 더하여 일본의 식민지배로부터 해방되

고 나서 한국에 주류한 미군 병사들과 한국 여성들 사이에서 태어난 아이들 등이었다. 당시의 부산은 미 군정하에 놓여 있었고, 부산시 복지과 담당자였던 미국 여성, 가톨릭 미군 종군 사제 등이 이 시설을 열심히 지원하였다. 또한 성당 신자들이며 부인회에서도 기부금을 모아 시설 운영비로 돌렸다고 안 신부는 말한다.

강덕경이 이 소화보육원에 아기를 맡긴 것은 1947년부터 1949년까지의 기간이라고 추정된다. 아이를 신부에게 맡긴 당시 상황을, 강덕경은 이전에 나에게 일본어로 이렇게 말했다.

한국나이로 3살.

그럼, 일본(의 만 나이)로는 1살?

2살. 그래서 말인데, 그걸 책으로 쓰면요, 이렇게 산만큼 될 거예요. 왜냐면 말이죠. 내가 신부님에게 아이를 맡길 때요, 싫다고, 나한테서 떨어지지 않고. 떨어지고 싶지 않으니까, '엄마! 엄마!' 하고 소리치면서요……(울음 소리). '그걸 지금도요, 지금까지도 그걸, 그걸 내가 지금까지도 쭉 살아오면서, 그렇게 나쁜 짓을 했는데, 어떻게 내가 잘 되겠어?'라고 생각하는 거지요.

그러니까 (나눔의 집의) 언니들에게 '잘 살아요, 잘 살아 가요'라고 늘 이야기합니다. 그때 그 일을, 엄마에게서 떨어지고 싶지 않다고 하는, 그걸 보고요(생각이 나서요). 지금까지도 떠올라요. 신부님이 이렇게 안고 안으로 들어가는 것을, 그림으로 조금 그리고 있습니다.

그림을 그리고 있어요?

조금, 조금요.

지금도, 아이의 얼굴을 정확히 기억하고 있습니까?

압니다. 압니다. 지금도, 지금도 압니다.

처음에는, 일하는 곳에서 일주일에 한 번씩은 방문하던 강덕경은 조금씩 발길이 뜸해졌다.

> 아이는 건강했기 때문에 안심하고 있었습니다. 게다가 천주교에 대해 나쁘게 생각하지 않았기 때문에 안심하고, 아이를 찾아가는 일이 뜸해졌어요. 당시 나이가 나이인지라 아이를 사랑한다는 걸 생각도 못 하고 있었어요.

2년 정도 지난 어느 날, 고아원을 찾아간 강덕경은, 기억하고 있는 자기 애 옷을 다른 아이가 입고 있다는 것을 알았다. 아이를 돌보고 있는 수녀에게 자신의 아이는 어디 있냐고 물었다. 그러자 생각지도 못한 답이 되돌아왔다. 자신의 아이는 폐렴으로 죽었다는 것이다.

> 나는 그 이야기를 듣고 눈앞이 캄캄해지고 말았습니다. 거짓말 같아서 아무것도 보이지 않았어. 죽었다고 하는데도, 도무지 믿어지지 않았어. 미친 사람처럼 되어 고아원에서 돌아왔습니다. 정말 죽었나? 믿을 수가 없어서 2개월 후에 다시 한번 찾아갔어요. 그런데도 역시 아이는 보이지 않았어요. 그래서 체념했어요. 그때부터 나는 타락했습니다. 술도 마시기 시작하고. 식당에서 일하면서도 남자 손님과 사귀기도 하고, 타락하고, 타락하고.
> 지금 같으면, 어떤 희생을 치르더라도 내 손으로 키우고 생활했겠지만, 당시 여자 혼자 생활하는 것은 어려웠어요. 그렇지만 그게 아이의 운명이었는지도 모릅니다. 옛말에 '아이가 어려서 죽으면 부모의 책임이'라는 말이 있잖아요? 나는 지금, 벌 받으면서, 벌 속에서 살고 있는 거예요.

일본의 식민지배로부터 해방된 직후의 한국에서는, 경제적 곤궁으로 인해 시설에서는 물자도 사람도 부족하고, 아이들 건강관리도 충분하지 못해서 폐렴 등 병으로 아이가 죽는 경우는 흔했을 거라고, 당시 보육원

보조신부였던 안달원은 말한다. 아이의 사망은 매월, 부산시 사무소 복지과에 보고한 다음 사체는 화장되었다.

그렇다 하더라도 아이의 죽음이 왜 즉시 엄마인 강덕경에게 알려지지 않았던 걸까. 안 신부는 당시, 부모의 행방을 알 수 없어 아이의 죽음을 알릴 수 없었던 사례는 적지 않았다고 한다. 보육원 측이 당시 고아원에 나타나지 않는 데다 직장을 전전하던 강덕경의 행방을 파악하지 못했을 것으로 추정할 수 있다.

나는 지금도 (아이가 죽은 것이) 믿어지지 않아요. 왜냐하면 내 눈으로 본 게 아니기 때문에. 지금도 어딘가에 살아 있을 거라고, 아이 나이를 혼자 세어 보기도 했지. 다른 아이를 볼 때 '혹시 저 아이일까' 하고 생각하기도 했습니다. 당시는 영리하고 귀여운 아이를 미국에 양자로 보낸다고 했었기 때문에 어쩌면 내 아이도 미국으로 보내진 건 아닐까 하고 생각합니다. 그게 지금까지도 내 머릿속에 남아 있어요.

(나눔의 집의) 다른 언니들은 '애 따위가 왜 필요해? 아이는 별거 아니야' 라며 나를 달래 주는 때도 있습니다. 하지만 내 마음은 아직 그렇지 않아요. '아직 살아 있지 않을까' 해요.

찾고 싶다고는 생각 안 해요?

네, 생각하죠. 남동생하고 저번에도 열심히 (찾는) 이야기도 했었고. 하지만 이제 와 새삼스럽게. 난 포기했습니다. 이제 와서 무슨, 나는 포기했어요. 하지만 '에~잇, 포기하자'라고 하면서도, 또 생각하고, 또 생각해요…….

내 마음이요, 한 가득이에요. 마음 (속)에요. 누구도 이 마음 (속을) 알아주는 사람은 없어요. 아~무도. 이 세상에 아무도 없어요. 나 혼자만 알아요.

하지만 아드님이 살아 계신다면, 아드님이 어머니를 찾고 있을지도 모르겠네요.

…… (눈물을 삼킨다).

당시 소화보육원에서 미국으로 아이를 입양 보낸 적이 있었을까. 당시의 보육원을 아는 안 신부에게 물어보니 "내가 있을 때는 없었다"[3]는 답이 돌아왔다.

가해자에 대한 굴절된 심정

"아이에게 애정을 갖고 있지 않았"을 강덕경이지만 아이의 죽음이라는 현실 앞에서 "눈앞이 깜깜해질" 정도의 강한 충격을 받았다. 그것은 마음의 깊은 상처가 되고, 그 후 50여 년 인생에서 강덕경을 계속 괴롭혀왔던 것이다. 만년, 나눔의 집에서 살게 되면서부터도, 언니처럼 따르던 김순덕에게 꿈속에 나타난 아이 이야기를 하였다.

"아침 일찍 일어나 서로 방으로 찾아와서 강덕경과 자주 꿈 이야기를 했습니다. 강덕경은 꿈속에서 아이가 멀리서 '엄마!' 하고 부르고 있어 가까이 가서 껴안으면, 아이가 어디론가 사라져 버리는, 그런 꿈을 자주 꾼다고 이야기했습니다."

아기의 얼굴은 지금도 선명하게 기억하고 있습니다. 콧대가 고바야시 씨하고 똑 닮았습니다.

강덕경은 아이의 용모를 그렇게 표현했다. 나는 되물었다.

'고바야시 씨'의 아이입니까?

---

3 안달원(베드로) 보좌신부의 범일성당 재임 기간은 1947.05.22~1949.07.31.이다. http://www.catholicbusan.or.kr/index.php?mid=bum_01&category=1261332 (2022년 7월 11일 검색)

그러자 강덕경은 "나는 그렇게 생각하는데, 정확하게는 모릅니다"라고 답했다.

'고바야시 씨'라는 사람은 도야마 후지코시 공장에서 도망 나온 강덕경을 붙잡아서 산속에서 강간한 후에 '위안소'에 보냈다고, 강덕경이 증언한 '고바야시 다테오'를 말한다. 고바야시는 그 후 '위안소'에 강덕경을 빈번하게 찾아왔다. '위안부' 시절의 증언 중에서도 고바야시라는 이름은 종종 등장한다.

> 나에게는 고바야시라는 헌병이 자주 왔습니다. 그 사람 외에 자고 가는 사람은 없었습니다.
>
> 옷은 고바야시가 갖다주었고 공장에서 도망할 때 작은 옷보자기를 가지고 나와 대충 입을 수 있었습니다. (중략) 고바야시가 몰래 주먹밥이며 건빵을 갖다주기도 했습니다. 그는 처음에는 무척 무서웠으나, 나중에는 조금 덜 무서워졌습니다.(『증언집』)[4]

또한 나와의 인터뷰에서도 강덕경은 '고바야시'에 대해서 이렇게 언급하였다.

> 그놈(고바야시)이 종종 찾아왔습니다. 그 무렵에는 점점 지혜가 생겨서 이 남자를 꼬드기면 여기서 나가서 집으로 돌아갈 수 있겠다고 생각했습니다. '위안소' 건물 앞, 작은 연못 앞 돌 위에 앉아서 그 남자에게 '고향에 돌아가고 싶어. 여기는 어디예요?'라고 물었습니다. 그러자 남자는 내 어깨를 쓰다듬으며 '여기로 천황폐하가 오실 거야. 이건 군사기밀이다'라고 말하고 '조금 더 있으면 돌려보내 줄 테니까'라고 답했습니다. 그런 식으로 나를 귀여워해 주었습니다.

---

4 278쪽.

또 강덕경은 나중에 남동생 병희에게 '고바야시'에 대해서 "배고프다고 하면 떡을 사다 주거나 뱃놀이에 데리고 가주거나 한 적도 있다. 엄청 자상한 사람이었다"고 말했습니다.

나와의 인터뷰에서 '고바야시'에 관해 이야기하는 강덕경 말의 뉘앙스가 미묘하게 달라진 적도 있었다.

> 나는 나이도 어렸고, 경험도 없었고, 어린애나 진배없었지. 그런 나에게 고바야시라는 헌병이 어떤 짓을 했는지를 생각하면……, 고바야시 씨에게 서만 그런 일을 당했다면, 내 생각에, 나는 '위안부'였다고 신고하지 않았어. 물론 신고하지 않는 것이야말로 한국인으로서 부끄러운 일이 될지 몰라도. 그렇지만 다른 군인들도 나를 범했어. 억울하고 억울해서 가슴에 못이 박힌 느낌입니다.

자신을 강간한 '헌병'을, 분노를 담아 '고바야시'라고 호칭 없이 부른 직후에, 이번에는 '고바야시 씨'라고 부르며 "만일 고바야시 씨에게만 그런 일을 당했던 거라면 나는 '위안부'였다고 신고하지 않았다"고 토로한다.

더욱이 매일, 여러 명의 남자들을 상대하지 않으면 안 되는 '위안부' 생활 중에 임신하여, 아버지를 특정할 수 없는 아이를, 강덕경은 그럼에도 '그 아이는 고바야시 씨를 닮았다'고 한다. 내게는, 강덕경이 임신한 아이를, 마치 '고바야시'의 아이라고 굳게 믿으려고 하는 것처럼 생각된다.

'고바야시'에 관해서 말하는 강덕경의 말을 되돌아볼 때, 자신을 강간하고, '위안부'로 만든 이 '헌병'에게 강덕경이 품고 있던 감정은 증오만은 아니었던 것은 아닐까? 하고 생각하게 된다. 강덕경은 이 남자를 증오하면서 동시에 '애착'과 닮은 감정을 갖고 있었던 것은 아닐까? 만일 그렇다면 어떻게 그런 일이 일어날 수 있을까?

나는 이 의문을 여성에 대한 성폭력을 주제로 연구하는 전문가들에게 물어보았다.

정신과 의사 고니시 세이코(小西聖子, 현 무사시노[武蔵野]대학 교수)는 동경의 과치과대학에서 피해행동학 교편을 잡으면서 범죄피해자 상담실에서 상담사로 일했다. 그는 심리적으로 감금 상태에 놓인 피해자의, 일견 모순된 행동에 대해 이렇게 설명하였다.

> 예를 들어 집 안에서 일어난 부부간 폭력. 모르는 사람은 '때리는 남편에게서 부인이 왜 도망가지 않지?'라고 생각하겠지만, 심리적인 감금 상태가 생기기 때문에 도망가지 못합니다. 도망가면 무섭다는 공포심도 있지만 이 사람 외에 나에게 관심을 가져준 사람이 없을 거라는 마음도 있지요. '위안부'였던 사람은 물리적으로도 감금 상태에 가깝습니다. 그래서 그녀들에게 심리적 감금 상태가 일어났었다는 것을 쉽게 상상할 수 있습니다. 거기에서는 생사여탈권을 쥐고 있으면서 때때로 자상하게 해주는 사람에 대해서, 보통이라면 느끼지 못할 것 같은 과도한 애착을 가지는 일은 충분히 일어날 수 있습니다.

고니시는 그의 저서 『범죄 피해자의 마음의 상처(犯罪被害者の心の傷)』(하쿠스이샤[白水社], 1996)에서도 다음처럼 해설하고 있다.

> 생존여탈권을 빼앗겨 식사, 잠, 배변 등의 기본적인 생활도 상대에게 의존하고, 정보에서 고립시키는 것이 마인드 컨트롤의 기본이지만 그러한 상황에서는, 내키는 대로 보여주는 가해자의 사소한 자비가 피해자에게는 아주 큰 감사의 원천이 된다. (중략) 즉 만성적으로 상처를 받고 있는 피해자에게는, 이와 같은 감사의 마음이 복종과 함께 보여지는 일은 아주 흔한 일이다.

고니시는 이와 같은 현상을 '스톡홀름증후군'이라고 설명하고 있다. 1974년 스톡홀름에서 은행 강도 사건이 있었는데, 며칠 동안 인질이 되어 있던 피해자가 가해자에게 공명하여 온정적이 된 사건에서 유래한 현상으로, 범인에 대한 긍정적인 감정, 구조 책임을 가진 관계자(예를 들어 경찰)에 대한 부정적인 감정, 범인 측의 인질에 대한 긍정적인 감정이라는 3요소를 꼽을 수 있다.

또 미국 하버드대학 의학부 정신과 임상 준교수(당시)이고 트라우마와 피티에스디(PTSD)(심적 외상후 스트레스 장애) 연구의 세계적 권위자 주디스 엘(L) 허먼은, 그의 대표 저서 『심적 외상과 회복(心的外傷と回復)』(나카이 히사오[中井久夫] 역, 미스즈책방[みすず書房], 1996)에서 감금 상태에 있는 피해자의 심리를 이렇게 설명하고 있다.

> 고립되어 있는 포로는 동료와의 유대 관계를 만들 기회가 없기 때문에 쌍으로 맺는 유대 관계가 피해자와 가해자 사이에 만들어져도 이상하지 않다. 이 관계가 '살아남기 위한 기본 단위'처럼 느껴지는 것도 이상하지 않다. 이것이 인질의 경우에 발생하는 '외상적 유대 형성'이라서 인질은 유괴범을 구제자로 보고, 진짜 구제자들을 두려워하고 미워하게 된다. (중략) 공포스럽게 하고, 학대의 집행을 잠시 늦추는 것과 같은 체험이, 특히 외부로부터 격리된 결혼 혹은 동거 관계의 범위 안에서 반복되면, 전능한 신과 같은 권위에 대한 거의 숭배에 가까운 강렬한 의존감정이 생기는 일이 있다. 피해자는 그의 분노를 무서워하며 살면서, 또 그의 힘, 지도, 아니 생명 그 자체의 근원이라고 보는 일도 있을 수 있다.
>
> 피해자는 고립하면 할수록 점점 더 범인에게 의존적으로 된다. 그것도 목숨을 보전하기 위해서만이 아니라 또 기본적인 신체의 필요를 채우기 위해서만이 아니라 정보를 얻기 위해서이고 감정을 살려두기 위해서이다. 두려움이 심하면 심해질수록 피해자는 허락된 유일한 인간관계에 매달리고

싶다는 유혹에 시달린다. 그것은 다시 말해 범인과의 관계이다. 다른 일체의 인간적인 관계가 없는 곳에 있는 피해자는, 감금자에게서 인간성을 찾으려고 노력할 것이다. 달리 볼 방법이 없는 곳에 있는 피해자는, 어떻게 하든 머지않아 범인의 눈을 통해 세상을 바라보게 될 것이다.

한편 강간 등 성범죄 사례를 많이 취급한 변호사 츠노다 유키코(角田由紀子) 역시 스톡홀름증후군을 사례로 강덕경의 심리를 이렇게 유추한다.

강덕경 씨에게, 고바야시라는 존재가 은행 강도에게 인질이 된 것과 같은 환경이 되어 있는 것이라면, 딱 한 사람의 구제자로 보이는 사람에게 그녀가 친애하는 마음을 가졌다 해도 이상할 것이 없어요. '위안부'라는 입장에서 찾아오는 일본 병사나 헌병이라는 관계를 넘은 감정이 절대 일어나지 않는다고는 말할 수 없다고 생각합니다.

고바야시에 관한 얘기를 하면서 '고바야시 씨'라고 말하게 됩니다. '고바야시'라고 말할 때는 외부를 향해 대응하지 않으면 안 된다는 규제가 작동하고 있을 때입니다. 그리고 점점 이야기를 진행하면서, 규제가 약해지면 그에 관한 생각이 부활해오니까 '고바야시 씨'가 됩니다. 고바야시에게 그런 생각을 갖고 있으면서, 그러나 전체적으로 그 남자는 '위안부'제도와 관련되어 있습니다. 경우에 따라서는 그 제도의 체현자이기도 합니다. 그녀 속에서 고바야시를 둘러싸고 분열되고 상반된 감정을 가질 수밖에 없는 상황에 몰렸던 것입니다. 그녀는 그 모순에 괴로워했다고 생각합니다. 강덕경 씨가 고바야시에게 특정 감정을 가졌다는 것을 제대로 자리매김하는 일은, 그녀를 한 인간으로 존중하는 것이기도 합니다. 또한 그녀가 그러한 복잡한 생각을 품을 수밖에 없었다는 것은 '위안부'제도의 가혹함입니다. 다시 말해 강덕경 씨의 모순된 감정 문제를 제대로 자리매김하는 일이 왜 '위안부'제도가 악인가 하는 고발이 되는 것입니다.

고바야시에 대한 이러한 굴절된 감정과 함께, 강덕경 자신을 고민하게
한 것은 비정상적인 상황 속에서, 원한 것은 아니지만 태어난 아이에 대한
복잡한 감정이었다. "아이의 콧대는 고바야시 씨하고 쏙 빼닮았다"고 말하
는 강덕경. 내게는 강덕경이 일시적이어도 애착 관계였던 남자와의 사이
에서 태어난 아이라고 믿는 것으로, 사람으로서의 존엄을 회복하고자, 생
각하고 싶지도 않은 '위안부' 체험에서 생긴 내 아이에 대한 애정을 필사적
으로 잡아두려고 한 것은 아니었나 하는 생각이 들었다. 원치 않았지만 태
어난 아이에 대한 당혹감과 초조함, 사랑하고자 했으나 사랑하지 못했던
것에 대한 자책감, 그리고 자신의 몸에서 태어난 아이를 죽게 만들어 버
렸다는 슬픔과 후회……. 아이에 대한 강덕경의 감정은, 그림으로 그려지
지 않은 팔레트 위 물감처럼 여러 생각의 색깔이 헝클어지고 뒤얽혀 응고
된 것처럼 보인다. 그리고 무겁고 침체된 마음속 그림 문양은, '위안부' 체
험이라는 상흔 위에 새롭게 새겨진 또 하나의 깊은 상처가 되어, 강덕경의
마음을 어두운 색으로 물들였을 것임에 틀림없다.

'고바야시' 찾기

16살의 여자애였던 강덕경을 강간하고, '위안부'로 끌고 간 '헌병 고바
야시 다테오(コバヤシ・タテオ)'는 지금도 살아 있는지, 만일 건재하다면 어떤
인물이었을까, 강덕경을 기억하고 있을지, '위안소'에 강덕경을 넘긴 다음
에도 몇 번이고 그녀를 찾았던 그는, 강덕경에게 어떤 감정을 갖고 있었던
걸까 - 나는 '고바야시 다테오'를 추적해 보기로 했다.
    유일한 실마리는 헌병들의 조직인 '전국 헌우회(憲友会) 연합회'가 발행
하고 있는 『신 전국 헌우 명부(新全国憲友名簿)』였다. 그러나 이 명부에는

'고바야시 다테오(小林タテオ)'라는 이름은 없었다. 유사한 이름은 시즈오카 현(静岡県)의 '고바야시 다케오(小林武雄)'라는 이름뿐이었다. 명단에 기재된 전화번호로 연락해 보니, 본인은 이미 사망한 상태였다. 전화를 받은 부인에 의하면, '고바야시 다케오'는 전쟁 중에 필리핀에 근무해서 도야마에는 간 적이 없다고 했다.

당시 도야마에서 활동했던 헌병대는 가나자와(金沢) 헌병대 산하에 있었다. 나는 '헌우회' 이시가와 현(石川県) 지부에 문의하여 종전 직후까지 도야마에서 근무했던 당시 헌병 군조(軍曹)[5]와 접촉할 수 있었다. 현재 가나자와 시에 사는 헌병 군조였던 야마데 히사요시(山出久由, 당시 80세)는, 당시 도야마 현에서 활동하고 있던 헌병은 10명 정도에 지나지 않고, 헌병 완장을 차고 행동하는 자는 한 사람 아니면 두 사람이고, 나머지는 정체를 감추고 있어서 사복을 입었다고 한다. 다만 헌병을 보좌하는 '보조 헌병'은 군복 차림으로 헌병 완장을 차고 있었다. 그들은 약 20명 정도로 도야마의 보병 제35연대에서 보충되어 2주 정도면 다른 보병과 교대했다. '보조 헌병'은 언제나 헌병과 함께 행동하고, 단독으로 행동하는 일은 없었다. 강덕경이 강간당한 상황처럼 운전사와 둘이서 행동하는 것 같은 일은 없다고 야마데는 말했다. 또한 도야마 시의 '후지코시'를 특별하게 경비하는 헌병은 없었고, 야마데 본인은 사복 차림으로 한 달에 1, 2번 방문하는 정도였다.

도야마에 '고바야시 다테오'라는 헌병은 없었냐고 물으니, 야마데는 "확실히, 도야마 지구 대장 이름이 '고바야시(小林)'였다"고 한다. 그러면 이름은 '다테오'가 아니었냐고 물으니 '다테오'는 아니었다는 대답이 돌아왔다. 야마데에 따르면, 대장은 거의 본부에서 일하고, 차로 본부 밖을 순찰하는 일

---

5 제국주의 일본 육군의 하사관 계급 중 하나이다.

같은 건 없다고 한다. 그 고바야시 대장은 육군사관학교를 나온 30세 중반의 소좌[6]로 전후 5, 6년 지났을 때 당시 막 발족한 '경찰 예비대'(자위대의 전신)에 입대했다고 한다. 그와 접촉하기 위해 방위청(현 방위성) 홍보과에 이 인물의 입대 후 행방에 대해 문의해 보았으나 자료가 남아 있지 않다는 답변이었다. 결국 '헌병 고바야시 다테오(小林タテオ)'를 찾아내지는 못했다. 어쩌면 고바야시 다테오는 헌병이 아니었을지도 모른다.

---

6 제국주의 일본의 육해군 계급 중 하나로, 한국군의 소령급에 해당한다.

제5장
구혼의 거절

남동생 강병희

일본 패전 직전에 여자정신대가 고향인 진주로 돌아오던 날, 남동생 병희는 누나를 찾아서 행진 대열을 울면서 찾아 헤맸다. 그러나 그런 병희가 강덕경이 해방 후 2년 만에 귀향했을 때, 이미 집에는 없었다. 이웃 남자의 아이를 낳은 모친에 대한 반항으로 가출해서 혼자 부산으로 갔다. 고아원 등을 전전하였고, 길거리나 열차에서 신문이며 잡지를 팔아 겨우 입에 풀칠했다. 귀국해 있던 누나와 약 3년 만에 재회한 것은, 강덕경이 부산시 초량의 한 식당에서 일하기 시작한 무렵이었다. 누나는 이미 병희가 기억하는 여자정신대로 일본으로 갔을 때의 때 묻지 않은 순진한 소녀가 아니었다. 머리는 당시로서는 보기 드문 파마를 하고, 말투나 거동도 이전과는 전혀 달라져 있었다.

한편 누나와 다시 만난 15살 병희는, 그 후 얼마 지나지 않아 발발한 한국전쟁으로 인해 운명이 크게 바뀌게 된다. 병희는 당시 자신에게 일어난 사건들을 나에게 이야기했다.

1950년 6월, 한국전쟁이 터지자 열여덟 살 병희는 한국군에 징병되었다. 육군 제17연대에 배속되고 반년 후, 강병희들은 총공격을 가해온 중공군에 포위되어 포로가 되었다. 그 후 북한 인민군으로 강제로 입대, 중대장 연락병으로 아군인 국군과 전투해야만 했다. 하지만 병희는 상대가 총탄에 맞지 않도록 겨냥을 비켜 쏘았다. 6개월 후 병희는 틈을 노리고 있다가 인민군에서 도망쳐, 근처에서 대치하고 있던 미군에 양손을 들고 투항했다. 그러나 인민군복차림으로 "나는 한국군 병사고 중공군 포로로 잡혔던 사람"이라고 설명하는 병희의 말을 미군이나 한국 병사들이 쉽게 믿으려고 하지 않았다. 병희는 군화 안에 숨겨 지니고 있던 인식표를 보여주면서, 적군의 군복을 입을 수밖에 없었던 경위를 필사적으로 설명했다. 그러나 그럼에도 의심은 사라지지 않고, 병희는 대구 수용소로 보내져 한층 엄격한 심사를 받지 않으면 안 되었다.

가까스로 한국군 병사라는 사실이 확인되어 석방된 것은 한 달 후의 일이다. 얼마 안 있어 상관이 헌병학교에 들어가라고 권했지만 병희는 예전에 함께 싸운 전우들과 만나서, 다시 그들과 싸우고 싶다는 강한 바람을 누르기 어려워, 상관에게 간원하여 옛 전우들이 있는 전선으로 복귀하였다.

전선에 복귀하여 1년 반 정도 지난 어느 날, 전투에서 중대장이 부상을 입어 병희는 연락병과 함께 세 명이서 적의 포위망 안에 남겨졌다. 밤의 어둠을 뚫고, 병희가 부상당한 중대장을 업고 후퇴하려던 직후, 수류탄이 눈앞에 날아들었다. 폭발의 충격으로 기절한 병희에게 의식이 돌아와 보니 몸 전체가 피투성이였다. 다리를 움직여보니 어쨌든 움직였다. 병희는 필사적으로 걷기 시작했다. 강한 갈증을 느끼고 흘러내리는 피를 홀짝였

다. 2킬로미터 정도 걸었을 때, "손들어!"라는 소리가 들려 왔다. 다행히
도 아군의 군인이었다. 의식이 몽롱해져서 병희는 헬리콥터에 실릴 때까
지는 기억하지만, 직후부터는 의식을 잃었다.

병희는 울산 육군병원으로 옮겨졌다. 안면이며 머리에 셀 수 없이 많
은 수류탄 조각이 박혀 있었다. 체내에 남겨진 파편을 적출하기 위해 수십
번의 수술을 받았다. 그러나 뼈에 박힌 파편이며 수술로 뇌 손상을 초래할
수 있는 파편 적출은 포기할 수밖에 없었다.

여기를 만져 보세요. 여기에요.

1998년 3월, 부산 시내 술집에서 병희는 자신의 오른쪽 머리를 손가락
으로 가리키며 내 손을 이끌었다. 나는 그 부분을 가만히 손가락으로 만져
보았다. 딱딱한 것이 튀어나와 있었다.

이겁니까? 이렇게나 큰 게.
엑스레이를 찍으면 지금도 작은 것들이 20개 정도 있어요. 여기도 그렇
고요. 이건 아팠어요. 곪아서, 이렇게 큰 게 자연스럽게 튀어나와서…….
술을 마시면 통증이 사라져요.

술을 마시는 건 통증을 잊어버리기 위해서인가요?
그렇죠. 옛날에는 엄청나게 마셨는데, 지금은 마시면 몸이 힘들어요.

스무 살에 상이군인이 된 병희는 이후 2년 동안 육군병원에서 지냈다.
드디어 상처가 아물어 퇴원하고 병원에서 알게 된 여성과 결혼, 그 후 상
이군인회 직원과 영화판권 매매 관련 일 등으로 생활비를 마련했다. 한때
생활에 여유가 생겼을 때도 있었지만 나중에 영화제작에까지 손을 대서

실패하고 그때까지 모아둔 돈까지 까먹고 말았다. 그 후 달력 제작 등 다양한 일을 시도했지만 모두 잘 되지 않았고 급기야는 상이군인 수당에 기대어 근근이 먹고 사는 생활을 하게 되었다. 생활고로 부인과의 관계도 더이상 원만하지 않게 되고 결국 부인은 집을 나갔다. 아이가 둘 있지만 이미 모두 자립하고 현재 서울에서 각각 가정을 꾸리고 있다. 60대 중반을 지난 당시, 병희는 부산 시내 아파트에서 혼자 살고 있었다.

일본이 일으킨 전쟁 때문에 운명이 바뀐 누나 강덕경과 한국전쟁으로 말미암아 이후 인생에 짙은 그늘을 드리우게 된 남동생 병희. 서로 전쟁에 의해 심신에 깊은 상처를 입게 된 두 사람은 그 후에도 서로 의지하고 또 싸우기도 하면서 관계를 맺어가게 된다.

구혼을 거절한 비밀

강덕경이 술과 담배를 배운 것은 아이의 죽음 직후였다. 아이를 잃은 충격을 잊으려고 강덕경은 식당에서 정신없이 일만 하는 한편, 술에 빠져 사는 생활을 계속하게 되었다.

1950년 한국전쟁이 시작되면서 전화를 피해서 많은 피난민이 부산으로 밀려들어 왔다. 강덕경은 당시 서울에서 피난 내려온 20대 중반의 한 여성을 집에 받아 주었다. 그 여성은 서울에서 처자있는 보석점 사장과 살고 있었는데, 북쪽 지방에 살고 있던 처자가 전란을 피해 서울 남편 있는 곳으로 돌아왔기 때문에 부산으로 이주했다. 강덕경은 자신보다 3살 정도 연상인 이 여성과 살면서 서로 완전히 의기투합하였다. 그러다가 두 사람은 각자의 돈을 합해서 식당 겸 술집 경영을 시작하기로 했다. 당시, 미혼의 젊은 여성이 경영하는 식당이나 술집은 드물었다. '젊은 여자 둘이 경영하는 가게'라는 평판이 나서 남자 손님들이 몰려와 가게는 번창하였다.

강덕경의 남동생, 병희

거기서 요리며 술을 팔았습니다. 어느 날 가게에서 알게 된 학교 선생님
이 "우리 학교 근처 식당 할머니가 그만두셨는데, 네가 운영하지 않을래?"
라는 얘기가 있었어요.

라고 강덕경은 당시 일을 내게 말해 주었다.

　　그래서 함께 가게를 운영하는 언니와 둘이서 그 식당을 보러 가서, 즉시
계약을 했습니다. 젊은 두 사람이 새롭게 시작한 가게에는 부산 전역에서
선생님들이 찾아와서 번창했습니다. 그중에는 저금통장을 내게 맡기고 술
을 마시는 선생도 있었습니다.

　손님들이 가게에 오는 이유는 강덕경이었다. 병희는 당시 이 가게에 자
주 드나들던 남자들의 이름도 기억하고 있었다.

　　특히 열심이었던 사람은 중앙초등학교[1]의 장 선생과 산부인과 장 의사,
철도 직원 손 씨, 그리고 극장 지배인 공 씨, 김 형사였습니다. 그들은 연일
친구를 엄청나게 데리고 가게에 왔습니다. 다른 젊은 여성 종업원 두 명에
게는 눈길도 주지 않고, 언제나 술자리에 누나를 불렀어요.

　어떻게 그렇게 남자들을 매료시켰을까. 강병희는 이렇게 설명했다.

　　선생들은 일제 때부터 교사였어서 일본어가 유창했어요. 누나도 역시
일본어를 잘해서 선생들과는 일본어로 얘기를 잘했습니다. 당시는 한국
인 중에서 누나만큼 일본말을 잘하는 사람이 그렇게 많지 않았어요. '이런

1　강덕경이 술집을 시작한 1950년 당시 중앙국민학교가 공식 명칭이고 중앙초등학교
　로 개칭한 것은 1996년 3월 1일이다. 2008년에 폐교되었고, 경남여자중학교가 이전
　되어 자리하고 있다.(부산역사문화대전, 동일중앙초등학교 항목; 「부산시 교육청, 학
　생수급 불균형 등 해소 나서」 2007.01.03 『뉴시스』, https://n.news.naver.com/
　mnews/article/003/0000277745?sid=102 2022.08.08. 검색)

여성이 술집에서 술 팔고 있는 게 아깝다'고 말하는 손님도 있었습니다.

그것만이 아니었습니다. 누나는 손님에게 절대 손해를 끼치는 일없이, 매우 배려있는 사람이었어요. 인덕이 있었습니다.

병희에게 안내받아 교사들이 다녔다는 학교 근처 술집 자리를 가보았다. 술집 건물은 이미 없어지고, 그 자리에는 빵집이 생겼다. 가게 앞 도로를 똑바로 200미터쯤 간 곳에 중앙초등학교가 있다. 술집 자리 앞 도로는 통학로로, 그때처럼 학생들과 교사들이 왕래하고 있었다.

이 지구의 동사무소를 통해서 가게를 경영했던 당시의 강덕경을 아는 사람을 찾았다. 그러나 이 주변은 주민의 출입이 잦아서, 해방 직후부터 이곳에 살고 있는 오래된 주민은 한 사람도 찾을 수 없었다.

빵집에서 몇 집 떨어져 있는 집에 사는 강복순(당시 77세)은, 1945년 일본에서 귀국한 이후 이 지역에 계속 살고 있는 노인이었다. 강복순 말에 의하면, 빵집이 된 부지와 건물은 40년 전까지는 공 씨라는 인물이 소유하고 있었지만 땅을 팔고 다른 곳으로 이사 간 이래로 주인이 계속 바뀌었다고 한다. 주민등록증에 있는 30대 정도의 강덕경의 사진을 보였지만, 본 적이 없고, 강덕경이라는 이름도 노인은 들어본 적이 없다고 한다.

이 지구에서는 내가 제일 오래됐어요. 내가 모르면, 아무도 아는 사람은 없을 거예요.

그 후 강덕경은 술집 일을 부산 시내에 있는 해수욕장의 '바다의 집'으로까지 확장했다. 같이 술집을 경영해온 '언니'와 함께, 바닷가에 대나무와 이불 천으로 간단한 포장마차를 만들었다. 해수욕장에 놀러 온 남자들이 포장마차에서 술을 마셨다. 시내보다도 비싼 값을 매긴 바닷가 포장마차에서 강덕경과 언니는 큰 수익을 올렸다.

그러나 그것은 오래 가지 않았다. 여름이 끝나가던 1959년 9월 갑자기 불어 닥친 태풍 사라[2]로 인해 포장마차 안에 있던 조리기구며 식기류를 포함해 천막째 몽땅 파도에 휩쓸려 버리고 강덕경은 모든 것을 하룻밤 만에 잃고 말았다. 직후에 '언니'는 서울에 한 번 다녀오겠다고 하고 가서는, 다시는 돌아오지 않았다.

남동생 병희가 '바다의 집'이 있던 해변으로 나를 안내해 주었다. 부산시 중심부에서 택시로 30분 정도 남하한 다음 도착한 시외에 '송도'라는 지명의 해안이었다. 모래사장이 완만한 곡선을 그리고 있고, 폭 20미터 정도의 모래사장을 따라 도로가 나 있었다. 그 뒤쪽에는 빌딩이 줄지어 서 있고, 해변 좌우는 해안까지 밀려 나온 녹색 언덕에 막혀 있었다. 해변에는 낚시를 즐기는 노인이며 산책하는 젊은이들의 모습이 보였다. 여름에는 지금도 해수욕하러 오는 사람들로 붐비고 있다고 병희가 말했다.

병희도 수십 년 전 강덕경이 경영하던 '바다의 집'을 한번 찾아온 적이 있었다. 당시 모친이 가게를 도와주고 있었다.

음식점을 경영하던 때, 강덕경은 여러 남성으로부터 청혼을 받았다. 남동생 병희는 자주 중개를 부탁받았다. 술집에 드나들던 철도원 손 씨는 당시 육군병원에 입원해 있던 강병희를 찾아와서 "누나를 어떻게든 도와주고 싶다. 누나에게 나를 찾아오라고 전해 주면 좋겠다"고 부탁했다. 그 이야기를 누나에게 전하자 한번 웃어버리고 상대하지 않았다. 극장 지배

---

2 기사에 따르면, "태풍 사라는 국내 최대 명절인 추석날인 9월 17일 한반도 남해안에 상륙해 동해로 빠져나갔다. 당시 태풍은 최대순간풍속 초속 46.9m의 강풍에다 호우까지 동반했고, 일부 해안지역에서는 해일까지 겹쳐 엄청난 피해를 낳았다"고 한다.(「58년 전 최악의 태풍 '사라' 피해 영상 공개」, 『중앙일보』, 2017.8.4. https://www.joongang.co.kr/article/21817640#home 2022.08.08. 검색)

인 권 씨도 산부인과 의사 장 씨도 또 김 형사도 똑같이 "누나가 불쌍하니까 어떻게든 도와주고 싶다"고 접근해 왔지만, 강덕경은 구혼을 완강하게 거절했다.

강덕경은 자신이 청혼을 거절한 이야기를 나에게 얘기한 적이 있다.

내가 가게를 하고 있었을 때 근처에 살고 있던 어떤 남성의 음식값을 내준 적이 있습니다. 그러자 그 남자가 가게 종업원 여성을 통해서 내게 일기장을 건네주었어요. 그 일기장 안에 편지가 들어 있었습니다. '당신은 내 첫사랑과 아주 닮았다. 처음 만났을 때부터 좋아져서 그 후 쭉 당신을 생각하고 있다'는 내용이 적혀있었습니다. 그때부터 내 마음이 이상해졌습니다. 그때까지 이런저런 남자들과 사귀기도 했습니다만,

젊은 시절의 강덕경
(주민등록증에서)

그건 친구로 만나는 것이었습니다. 애정이라든가 사랑이라든가 하는 그런 감정은 잊고 있었습니다. 편지 이후 그 남성과 때때로 만나서 이야기하거나 영화를 함께 보러 가거나 한 일이 있었습니다. 남성에게는 아내와 아이도 있었어요. 남자는 '마누라는 머리가 나빠서 함께 장사하는 것은 불안하다. 당신이라면 함께 해 나갈 수 있다'고 설득했어요. 나도 문득 '결혼해도 좋으려나' 하고 마음이 흔들린 적이 있었습니다. 그렇지만 신중히 생각해 보니 결혼은 하고 싶지 않았어요. 나는 당시 자궁 질환으로 병원에 다니고 있었습니다. 남자는 '몸은 아무래도 상관없어. 마음이 좋다면 좋아'라고 말해 주었습니다. 그러나 나는 '내 스스로 그게 걸리는 한, 아무래도 안 되겠습니다'라고 답했습니다. 물론 나는 내 과거 일은 말하지 않았습니다. 나는 이런 자신이 결혼하면 벌을 받는 건 아닐까 하고 생각했어요. 게다가 내가 부인과 아이도 있는 사람과 결혼하면, 그 부인과 아이에게 나쁜 거잖아요.

강덕경이 완강하게 청혼을 거절하는 이유 중 하나가 몸 상태가 나쁜 것이었다. 강덕경은 말했다.

> 이런저런 남자에게 결혼 이야기가 나오면, 내 쪽에서 그걸 잘라 버려. 자궁이 어떻게 되어 있는지 모르니까. 나이를 먹으면, 내 몸이 어떻게 되어갈지. 그때 이후, 남자와 관계가 없었어서 잘 모르겠지만.

나는 강병희에게도 누나가 청혼을 거절하는 이유를 물었다.

> 아마도, 결혼했다는 소문이 퍼지면 누나를 보고 찾아오던 손님들이 가게에 오지 않게 될 테니까 순결을 지키려고 그러는 거겠구나 하고, 나는 생각하고 있었습니다. 그러나 아주 먼 훗날에 누나가 일제 시기의 일이며 몸에 벌어진 일들을 말해주어 알게 되었어요. 이거였어요.

강병희는 내 공책에 '不感(불감)'이라고 한자로 쓰고서 나머지 한 글자가 생각나지 않는다고 했다.

> '후칸쇼(ふかんしょう)'에요.

라고 강병희는 말했다.

> **이거요?**

라고, 나는 공책에 '不感症(불감증)'이라는 글씨를 써서 강병희에게 보여주었다.

> はい、これです。(네. 이거에요)

라고 강병희는 일본어로 말했다.

누나가 그렇게 말씀하셨어요?

네. (비닐하우스에서 일하고 있던) 남양주에서 누나한테 들었습니다. 그 전
에는 몰랐어요. 이거에요.

강덕경은 생리가 시작된 10대 후반부터 '위안부' 체험이 원인이라고 생
각되는 자궁 질환에 시달렸다.

"위안소에 갔었기 때문에 특히 몸 전체가 아픕니다. 젊었을 때는 다달
이 생리할 때마다 통증이 심해서 이틀씩은 방을 빙빙 돌 정도였습니다. 하
도 아파서 주사를 맞아야 했습니다. 그리고 자꾸 하혈했습니다. 한약방에
가고 산부인과에 다니기도 했습니다. 너무 아파서 이것만 나으면 발가벗
고 춤이라고 출 수 있을 것 같았습니다. 병원에서는 자궁 내막염, 나팔관
이상이라고 말했습니다"라고 『증언집』[3]에서 고백하고 있다.

또한 나와의 인터뷰에서도, "아플 때가 제일 힘들고 슬펐다. 월경은 한
달에 한 번 며칠이 지나면 안정이 되는데, 내 경우 하혈이 쭉 계속되어 버
립니다. 무서워서 병원에 가서 검사받았습니다. 검사 결과 자궁 내막염이
라고 말했습니다." "당시 돈이 있어서 서울의 산부인과 병원에도 갔습니
다. 안 가본 산부인과가 없을 정도였습니다. (의사는) 내 과거를 모르니까 자
궁을 적출하면 문제가 없어진다고 했습니다만 나는 동의하지 않았습니다.
가진 돈의 대부분을 산부인과 병원에 썼어요"라고 술회하였다.

강덕경이 자궁 질환에서 해방되는 것은 생리가 끝난 50세 무렵이었다.

---

3 283쪽.

자살 미수

구애하는 많은 남자에게 둘러싸인 술집 경영 일은 얼핏 화려해 보이지만, 강덕경의 마음은 전혀 채워지지 않았다.

"주변에 나와 동갑인 여성은 남편도 있고 아이도 있는데"라고 강덕경은 당시의 고독감을 이야기했다. 그럴 때는 남편도 아이도 없는, 같은 처지의 동료인 '언니'와 술을 코가 비뚤어지도록 마셨다.

> 비가 오면, 언니와 '가늘고 길게 사는 건 싫어. 굵고 짧게 살고 죽어요'라
> 는 말을 두 사람이 자주 내뱉으며 엄청 울었습니다.

달이 몹시 어여쁘던 어느 날 밤, 강덕경은 '언니'와 만취해서 해안을 걷고 있었다. 절망감이 몰려와서, 순간적으로 둘이서 바다로 뛰어든 적이 있다. 다행히도 그 자리를 지나던 우체국장이, 취해서 갈지자로 걷는 두 사람의 행동을 이상하게 여기고 지켜보고 있었다. 두 사람이 뛰어든 직후에 즉시 구출하여 집에 데려다주고 돌아갔다. 그 우체국장은 두 사람에게 "죽을 기운이 있으면, 죽었다고 생각하고 열심히 살아 보세요"라고 혼을 냈다.

또 강병희 말에 따르면, 1961년 5월 박정희에 의한 군사 쿠데타 후, 술집 일을 할 수 없게 된 무렵에도 강덕경은 자살을 시도했다. 당시 살고 있던 집 근처의 공동묘지에서 강덕경은 대량의 수면제를 먹었다. 곧 발견되어, 한 남자가 병원에 둘러메고 데리고 왔다. 의사가 위 속의 약을 토하게 하여 겨우 살아날 수 있었다.

미군 기지 일

같이 식당을 경영했던 언니가 서울로 가버린 후 돌아오지 않게 되고 나서 강덕경은 혼자서 가게를 꾸렸다. 가게는 번창했지만, 번 돈의 대부분은 병원 치료비로 사라졌다. 이윽고 가게 일을 그만두고, 한국전쟁의 전화를 피해서 진주에서 부산으로 옮겨 살고 있던 모친 집에서 신세를 지게 되었다.

옆집에 미군 기지에서 일하는 남성이 있었다. 그 남자가 "기지에 자동차 운전을 가르쳐주는 학교가 생기니까 가보지 않을래? 운전사가 되면 돈을 벌 수 있어"라는 이야기를 해 주었다. 당시 술집을 그만두어 수입원이 없어진 강덕경은 그 이야기에 달려들었다.

미군 기지의 자동차 학교 일과는 오전에는 학과 수업, 오후에는 운전 실기가 있었다. 운전을 지도하는 교관은 백인 장교였다. 예전에 일본에 주류했던 경험이 있는 장교는 떠듬거리는 일본어로 운전 지시를 내려 강덕경은 매우 놀랐다.

강덕경은 교관인 미국인 장교와의 이러한 에피소드를 내게 이야기했다.

어느 날 강덕경은 이 교관의 방으로 불려 갔다. 책상에는 일본 여성의 사진이 장식되어 있었다. 결혼해서 일본에 살고 있는 부인이라고, 교관은 설명했다. 그는 강덕경에게 방의 커튼을 바꿔 달아달라고 의뢰하며 돈을 주었다. '왜 내게?'라고 의아해하면서도 부탁받은 대로 강덕경은 커텐감을 골라서 재봉사에게 제작을 주문했다. 그 일이 계기가 되어 친해져서 크리스마스에 장교의 파티에 초대받았다. 함께 춤을 추면서 장교는 강덕경의 손가락에 보석이 달린 반지를 끼웠다. 선물이었지만 강덕경은 그게 무슨 의미인지 잘 이해할 수 없었다.

바로 그즈음 시계를 잃어버린 직후였던 강덕경은 보석 가게에 가서

"이 반지와 시계를 교환하고 싶다"고 하였다. 반지를 감정한 가게 주인은 "무엇이든지 맘에 드는 시계를 골라 보세요" 하고 기분 좋게 말했다. 제일 고가로 보이는 시계를 골랐지만 가게 주인은 아무 불평도 하지 않고 돈까지 내주었다.

장교는 강덕경을 다시 댄스홀에 초대했다. 춤을 추면서 장교는 강덕경의 손가락에 반지가 없는 것을 알아챘다. "어떻게 된 거야?"라고 묻자 강덕경은 경위를 설명했다. 장교는 깜짝 놀라서 소리를 질렀다.

"그건 다이아몬드였어!"

다음에 만났을 때 장교는 "결혼하자"고 강덕경에게 청혼했다. 강덕경은 "당신에게는 일본인 부인이 있으면서 어째서 그런 말을 하는 겁니까"라고 거칠게 말했다.

그러나 백인 장교 말에 당시 외로운 생활로 피곤해 있던 마음이 흔들렸었다고 나에게 고백하였다.

'만일 그에게 일본인 부인이 없었다면 나는 결혼했을지도 몰라. 그때 결혼했다면 이런 고생을 하지 않았을 텐데'라고 생각했던 적이 있어요.

운전시험을 통과한 강덕경은 기지 안에서 장교가 타는 지프 운전사가 되었다. 그러나 강덕경에게는 또 하나 "은밀한 일"이 있었다. 강덕경이 일하고 있던 하야리아[4] 미군 기지는 미국 본토에서 한국으로 수송되어 오는 군수물자를 보관하는 병참기지였다. 그것은 또한 기지에서 일하는 현지인에게는 암거래 물자를 손에 넣을 수 있는 '보물창고'이기도 했다. 종업원이

---

4 캠프 하야리아(Hialeah)는 부산광역시 부산진구 연지동 및 범전동에 있는 한국전쟁 때 미군 하야리아 부대가 주둔했던 곳. 현재 부산시민공원.

물자를 훔쳐 내가는 사건이 속발하였기 때문에 기지 밖으로 나가는 현지 종업원에 대한 검사는 엄격했지만 기지 자동차에 대한 검사는 허술했다. 무엇보다 장교용 지프는 자유롭게 기지 밖을 드나들 수 있었고, 확인하는 일이 거의 없었다. 이 점에 착안한 어느 한국인 종업원이 강덕경에게 지프에 물자를 숨겨서 밖으로 가져 나와 달라고 의뢰하였다. 결국 강덕경은 아무런 문제도 없이 지프를 이용해서 물자를 밖으로 가져 나와서 지정된 장소에 전달했다. 다음날 그 남자가 다가와서 고액의 돈을 강덕경에게 건네주었다.

2년 가까운 미군 기지에서의 지프 운전사 시절, 강덕경은 자신이 원인이 되어 한 남성의 죽음을 경험한다.

그 남성은 강덕경보다 두세 살 연상의 독신으로 하야리아 미군 기지에서 통역 일을 하고 있었다. 기지에서 알게 된 그 남자는 강덕경의 집에 쌀을 가져다주거나 남동생에게 선물을 주거나 하면서, 강덕경의 환심을 사려고 하였다. 그는 강덕경에게 청혼하고 조만간 고향에서 상경하는 부모와 만나달라고 애원했다. 강덕경은 "나는 당신과는 친구로 지내고 싶습니다. 내가 결혼을 승낙도 하지 않는데 어째서 부모님께 그런 말을 한 겁니까?"라고 화를 냈다.

억지로 만나게 된 그 남자의 모친에게 강덕경은 예전에 자신은 아이를 낳았는데, 그 아이가 죽었던 일을 정직하게 고백하였다. 그러자 남자는 "나와 결혼하고 싶지 않아서 거짓말을 하고 있다"고 말하며 믿으려 하지 않았다. 청혼을 거절당해 절망한 남자는 곧 술에 빠지고 기지에 일하러 오지도 않게 되었다. 어느 날 강덕경은 남자가 보자고 해서 갔더니, 남자는 검은 약을 보여주면서 "내 이야기를 들어주지 않으면 죽어버리겠어"라고 강덕경을 다그쳤다. 본심이라고 생각하지 않은 강덕경이 남자 곁을 떠난 직후 남자는 호텔에서 음독자살하였다.

제6장
동거

서울 상경

강덕경이 여러 해 살았던 부산에서 상경해 서울에서 살기 시작하게 된 시기는 확실하지 않다. 나와의 인터뷰에서는 이렇게 설명하고 있다.

> 40대가 된 무렵, 한국전쟁(조선전쟁)에서 부상당한 남동생과 올케가 어머니를 모시고 상경했습니다. 그런데 서울은 집이 좁아서, 남동생 부부와 어머니 외에 내가 들어갈 수 있는 상태가 아니었어요. 남동생네가 살고 있던 집 주변을 보니 비닐하우스가 많이 보였습니다. 나와 같은 연배의 아주머니들이 일하고 있었습니다. 나도 일할 수 없을까고 묻자 좋다는 대답이었습니다. 다음 날부터 몸뻬를 입고서 다른 아주머니들을 따라서 일하기 시작했어요.

그러나 남동생 강병희의 증언은 강덕경의 설명과는 완전히 엇갈린다.

병희에 의하면 강덕경이 상경한 것은 박정희가 군사 쿠데타에 성공해서 정권을 장악한 1961년 5월에서 얼마 지나지 않은 무렵이었다고 한다. 쿠데타 직후, 부산에도 계엄령이 선포되어 정식 허가 없이는 음식점 영업을 할 수 없게 되었다. 그래서 강덕경은 일자리를 잃고 부산을 떠났다는 것이다.

"부산을 떠난 다음 1, 2년은 소식이 끊겼기 때문에 죽은 건 아닌가 하고 걱정하고 있었는데 서울에 있다는 연락이 왔습니다"라고 강병희는 이야기했다.

이것이 사실이라면 강덕경은 32살 즈음에 이미 서울에 상경해 있었던 것으로 강덕경 본인이 말한 40대, 즉 1970년대 초반 시기와 10년 정도나 엇갈린다. 만일 동생의 증언이 맞다면 10년의 공백 기간, 강덕경은 어디서 무엇을 하고 있었을까, 또한 왜 내게 거짓 증언을 한 것일까.

숨겨진 동거 생활

강병희에 의하면, 1965년경, 오랫동안 소식을 알 수 없었던 누나 강덕경으로부터 갑자기 부산의 모친 앞으로 편지가 날아들었다. 그에 따르면 누나는 어떤 남성과 서울 시내에서 살고 있다는 것이었다. 모친은 강병희에게 누나를 보고 오라고 부탁하고, 당시 서울에서는 아직 흔하지 않은 생선을 들려 보냈다.

강병희가 편지에 쓰인 주소에 기대어 찾아간 곳은 서울 시내 홍제동에 있는 기와지붕에 방이 3개 있는 집이었다. 그 남성은 50대로 권대우(가명)라는 이름의 초로(初老)의 신사였다. 큰 신문사의 간부 직책으로 근무했지만 퇴직 후 경제신문사에 재취직하였다. 그 회사도 그만두고는 잡지며 신문에 기사를 써서 생활비를 벌고 있었다.

인텔리로 자상한 사람이었습니다.

　서울 두 사람 집에서 한 달 정도 함께 살았던 동생 강병희는, 권대우 성품에 대해 이렇게 평했다.

　　꼼꼼한 성격에 술이나 담배도 하지 않고, 일이 끝나면 저녁 6시에는 반드시 귀가하는 사람이었습니다. 매우 인간미 있는 사람으로 마치 부모처럼 누나를 보살펴 주었습니다. 말이 없는 사람이었지만 한 달 정도 같이 살았어도 주눅 들게 하는 일이 전혀 없었습니다. 누나에게 인생이라는 것에 대해서 이것저것 가르쳐 주는 선생님같은 존재였습니다. 두 사람 사이에 그다지 대화가 많은 것은 아니었지만 마음이 아주 잘 맞았습니다. 일요일마다 두 사람이 산책하러 나가곤 했습니다.
　　누나는 그 사람을 상당히 존경하고 있었습니다. 권 씨 앞에서는 지금까지 내가 알고 있던 누나와는 완전 달랐습니다. 그 사람 앞에서는 술도 담배도 하지 않았습니다. 그 사람이 없는 곳에서 숨어서 하고는 했지만 행복해 보였습니다.

　그러나 두 사람의 동거 생활은 이른바 '부부생활'은 아니었다고 강병희는 말한다.

　　친구 같았습니다. 두 사람의 관계는 청결했고요. 서로 나이가 들었기 때문에 농담은 별로 하지 않았죠. (이때는 누나가 남녀 관계를 가질 수 없는 몸이라는 것을 몰랐기 때문에) 권 씨가 나이 든 사람이라서 그런가 보다 하고 생각했습니다.

　강병희는 지금까지 많은 남자의 청혼을 거절해 온 누나가 어째서 권대우에게는 마음을 열고 함께 살기 시작했는지 도무지 이해가 가지 않는다고 말했다. 두 사람은 아마도 강덕경이 일하던 술집에서 알게 되었을 거라고 강병희는 추측했다.

> 권 씨는 술집에 가서 술을 마실 것 같은 타입은 아니어서 친구 따라서 그 술집에 갔을 겁니다. 거기서 누나를 알게 되고, 권 씨는 누나에게 "당신은 이런 데서 술장사하고 있을 사람으로는 보이지 않아. 이런 곳에 있는 건 아까워"라고 말하고 그 가게에 권 씨가 드나들었던 것 같습니다.

권대우에게는 미국에 살고 있는 가족이 있었다. 1978년경 권대우는 가족과 재회하고 자신의 생활비를 벌기 위해서 잠시 미국으로 건너가게 되었다. 권대우는 강덕경에게 같이 가자고 강하게 권했다. 그러나 강덕경은 "먼저 가셔서 제가 갔을 때 생활할 수 있는 기반을 닦아 놓으세요. 그러면 제가 나중에 따라갈게요"라고 답했다고 한다. 권대우가 미국으로 간 후에 강덕경은 막내 남동생 집에서 가사를 도와주면서 생활하고 있었다. 미국의 권대우에게서 '빨리 미국으로 와 주길 바란다'는 재촉 편지가 왔지만 강덕경은 가족과 살고 있는 권대우에게는 가려고 하지 않았다.

2년 후 권대우는 홀로 미국에서 귀국했다. 강덕경은 막냇동생 집을 나와서 다시 권대우와 동거 생활로 돌아갔다.

막냇동생의 처 오정숙(가명)도, 시누이 강덕경과 동거했던 당시 상황과 권대우 존재에 대해서 1998년 5월 나에게 이렇게 말했다.

> 그때는 아이가 초등학교 1학년으로 그 아이가 지금은 29살이니까 벌써 20년 정도 전, 1978년 무렵이네요. 아저씨(권대우)는 인텔리시구나 하는 게 첫인상이었어요. 신문사에서 근무하고 계셨습니다만 지식인으로 교양도 있었습니다. 시누이(강덕경)는 아저씨와 만나서 행복하게 살고 있다는 생각이

들었습니다. 과거 일은 몰랐으니까. 그 후 아저씨가 본처가 있는 미국으로 간다고 해서, 시누이에게 함께 가자고 했지만, 시누이가 거절한 모양이었어요. 그래서 친척이니까, 우리 집으로 와서, 2년 정도 함께 살았어요. 아이를 돌봐주셨어요. 요리와 뜨개질도 잘하고 일본어, 영어도 잘하는 만능이었습니다만 술·담배도 많이 하셨어요. 술 마시고 취하고요, 나는 '여자가 왜 저렇게 술과 담배를 하는 거지' 하고, 시누이의 그런 점이 싫었습니다. 2년 정도 지나서 아저씨가 미국에서 돈 벌어서 돌아왔다고 해서, 방을 빌려, 시누이는 우리 집에서 나가 아저씨와 둘이서 살게 되었습니다.

강병희의 기억에 따르면, 누나가 권대우와 동거를 시작한 것은 1965년경으로 권대우가 미국으로 건너갔던 2년을 제외하면 그가 사망한 1980년까지 계속됐다고 한다. 다시 말해 13년 가까이 두 사람의 생활이 계속되었던 것이다. 그렇게 길게 함께 생활한 권대우였지만, 강덕경은 자신이 '위안부'였다는 사실을 마지막까지 고백하지 않았다고 남동생 병희는 단언했다.

절대로 할 수 없어요. 부모·형제에게도 할 수 없는 얘기였으니까요. 게다가 사람에게 공통된 심리로 그런 일은 감추고 싶을 거예요. 나 역시 여자의 그런 과거를 알게 되면 그 여자와 함께 살 수 없어요. 그렇지 않나요?

강덕경은 권대우와의 동거 생활에 관해 생전에 나에게 한 번도 꺼내지 않았다. 다만 권대우의 존재를 넌지시 비치는 이야기는 있었다. 사망하기 5개월 전인 1996년 8월 투병 생활로 체력이 쇠약해져 있던 강덕경은 누워서, 귀국 후 발자취를 찾는 나에게 일본어로 이렇게 말했다.

비닐하우스에서 일하는 아주머니 중에 당시 40대였던 내가 제일 젊었어요. 나보다 나이 많은 아주머니가 "결혼도 안 하고, 가족도 아이도 없이, 어째서 이런 곳에서 이렇게 고생을 하는 거야. 내가 남자 소개해 줄게"라고 말했어요. 그 사람은 부인을 여읜 남자로 아이가 있는 사람이라고 했습니다. 나는 "아이고, 됐어요. 그런 생활은 싫어요"라고 말했습니다. 그렇지만 아주머니는 "만나보기라도 해보라"고 했어요. 만나보니, 대학도 일본에서 나온, 공부한 사람으로 나이는 들었지만 아주 잘생기고, 신문사의 높은 분이었어요. 나와는 신분이 전혀 다른 사람이었어요. 그래서 무서워졌지요.

그 사람 이야기를 듣고 깜짝 놀랐습니다. 나는 "저는 가난해서 부끄러워서"라고 말했습니다. 그러자 상대가 "왜 그런 말을 하세요? 나는 이미 나이도 들었고, 마음이 중요한 겁니다"라고 말하는 거예요. 그렇지만 나는 거절했습니다. 그러자 몇십 번이고 '왜 거절하는 거냐'고 제게 다그쳐 물었습니다. 서울에서 제가 사는 경기도까지 일부러 데리러 와 나를 서울 영화관에도 데리고 가주었습니다. 나는 당시 42, 43살이었습니다. 상대는 50대였고요. 지금 생각해보면 그때 왜 내가 그런 좋은 이야기를 거절했는지, 결혼했으면 '위안부'였다는 걸 신고하지도 않았을 텐데.

그 얘기는, 인터뷰어인 내가 일본 남성이라서 '꾸며낸 이야기'였던 걸까. 그렇다면, 언니처럼 따르며 고민을 털어놓았던 나눔의 집 김순덕에게는 사실을 이야기했을 것이다. 나는 김순덕에게 이 이야기를 물어봤다. 그러나 김순덕 또한 강덕경의 동거생활에 대해서는 모르고 있었다.

강덕경은 결혼한 적이 전혀 없어요. 그런 이야기를 들은 적도 없어. 같이 살려고 했던 남자는 몇 명 있었지만, 자신이 없어서 같이 살지 않았다는 이야기는 몇 번 들은 적이 있지만.

남자와 10년 가까이나 같이 살았다고 하는 일 따위는 없어요. 한 달도 없어요. 강덕경은 언제나 내게 얘기했어요. '언니는 결혼도 하고, 아이도 낳고, 할 수 있는 일은 다 해봤지만, 나는 가정생활을 한 달도 한 적 없다'고.

다만 김순덕도 '권대우' 같은 남자 이야기를 들어본 기억은 있었다.

　　그 사람은 가족이 미국에 있고, 왔다 갔다 했어요. 가족이 있는 사람이었
기 때문에 함께 살지 않고, 그 사람 집으로 왔다 갔다 한 일은 있다고 들었
습니다.

왜 강덕경은 권대우와의 10년 가까운 동거 생활이라는 사실을 감추려
고 했을까.

"두 가지 이유가 있다고 생각합니다"라고 강병희는 답했다.

"하나는 자신이 '위안부'였기 때문에 그 일이 권 씨 친구에게 알려지면
권 씨가 곤란해질 것이기 때문이겠지요. 권 씨 친구들에게는 대학교수며
매스컴 관계자가 엄청 많았으니까요. 또 한 가지 이유는 두 사람의 관계가
알려지면, 권 씨 가족에게 폐를 끼치게 되기 때문입니다."

애인의 죽음

권대우와의 동거 생활은 1980년 그가 병사하면서 끝이 났다.
제사도 강덕경이 지냈다고 병희는 말한다.

　　그 사람이 죽었을 때 누나가 절에 가서 공양했습니다. 49제도요. 나는 절
에 누나와 같이 갔습니다. 비용이 많이 들었지만, 권 씨가 좋은 곳으로 갈 수
있기를 하고, 누나가 생각한 것이겠지요. 권 씨의 지인, 친구들에게서 부조
금이 많이 들어왔지만 전부 절에 제사 지내는 데 사용했습니다. 서로 정이
깊었기 때문에 상당히 슬퍼했습니다. 한마디로 말하면 '정'입니다.

권대우를 잃고 나서 강덕경의 상태는 병희가 옆에서 보고 있을 수 없을

정도였다고 한다.

> 술을 마시고 울든가 자든가, 그 두 가지뿐이었어요. 누나가 부산에 살던 시절은 아직 젊었기 때문에 완전 바닥이라고까지는 말할 수 없었는데, 권 씨가 죽고 나서부터는 완전히 바닥이었습니다. 길가에서 눕거나 내가 보아 도 정상이 아니었어요. 남동생인 저도 싫어질 정도였습니다. 길가에서 자 고 있으면 누군가가 연락해 와서 내가 업어 데리고 온 적도 있었습니다.

당시, 강병희는 누나가 '위안부'였다는 사실을 모르고 누나를 이렇게까 지나 황폐하게 하는 마음의 상처를 상상도 할 수 없었다. 그러나 강덕경이 그 후 남양주 농원에서 일하게 되면서부터 고백하여 전부 알게 된 후에, 강병희는 당시 누나의 심경을 미루어 짐작했다.

누나는 한시도 자신이 '위안부'였다는 사실을 잊을 수 없었음에 틀림없 다. 마음을 의지할 수 있었던 권대우를 잃은 것이 누나에게 자신의 과거를 한층 강하게 생각하도록 한 것은 아니었을까. 그리고 무엇보다도 겨우 움 켜쥔 행복도 그의 죽음에 의해 잃어버리고, '왜 내 운명은 이렇게도 비운 만 계속되는가' 하고 절망감에 빠져 있었던 것일지도 모른다.

봉인된 또 하나의 '동거 생활'

강덕경이 언제 어떤 이유로 비닐하우스 농원에서 일하기 시작했는지는 명확하지 않다. 강덕경은 내게 "서울로 상경해서도 남동생 부부와 모친이 살고 있는 집이 너무 좁아서 나까지 살 만한 상황이 못돼서 동생네 집 근 처 비닐하우스에서 입주 노동을 시작했다"고 설명하였다. 그렇지만 남동 생 병희는 "권대우와 함께 살면서, 그가 없는 동안에 마실 술이나 담뱃값이며 생활비 일부를 벌기 위해서 비닐하우스 일을 시작했던 겁니다. 하루 생활비가 1,000원 든다고 치면, 500원은 누나가 부담하는 방식으로 생활 했으니까요"라고 말한다.

강덕경이 비닐하우스에서 일하기 시작한 동기며 그곳 생활을 알기 위해 나는 강덕경이 일하고 있던 비닐하우스 농원 주인을 조사하였다. 동사무소에 남아 있던 강덕경의 주민표에 기재된 주소를 하나씩 하나씩 따라가는 동안에, 한 사람의 농원주인 이름과 주소가 밝혀졌다. 안정훈(가명)은 내가 방문한 1998년 3월 당시, 서울시 교외의 고층 아파트에서 부인과 버스 운전사 아들 부부와 손자들과 살고 있었다. 69세의 안정훈은 예전에 빌렸던 토지를 떠나서, 당시는 남의 비닐하우스에서 농업 노동자로 일하고 있었다.

> 20년 정도 전입니다. '무조건 일하고 싶다'며 왔었기 때문에 '어디에 살고 있는가'고 물었습니다. 그런데도 '저기서 혼자서 살고 있다'고 말을 얼버무렸습니다. 일을 시키고 보니까 몸놀림이 아주 빠르고 일을 참 잘했어요.

20년 정도 전이라면, 1978년 전후, 아직 권대우와 동거 생활이 계속되던 시기다.

강덕경의 주민표를 따라가던 때, 뜻밖의 기재를 발견했다. 여러 해 함께 산 권대우가 사망하고 4년이 지난 1984년부터 약 2년간, 강덕경은 다른 남성과 동거하고 있다는 기재 내용이었다. 게다가 그 상대는 비닐하우스 농원 주인 안정훈이라고 되어 있다. 나는 안정훈을 만났을 때 이 사실 관계를 직접 물어보았다. 그러자 그때까지 기분좋게 내 질문에 답해주던 그의 표정이 갑자기 굳어졌다. 조금 떨어진 곳에서 부인과 아들 부부가 나와의 인터뷰 내용을 가만히 듣고 있었다.

> 서류상 그렇게 되어 있는 건 사실입니다. 하지만 그건 사정이 있어요. 어느 날 같이 술을 마시고 있는데, 강 씨가 "나는 병에 걸렸고, 게다가 의지할 데가 없어서 가능하다면 안 씨의 동거인으로 해 줄 수 있어요? 다른 건 아무것도 바라는 게 없어요"라고 내게 부탁하였습니다.
> "나는 '그래? 생각해 보지'" 하고 건성으로 답했습니다.
> 그 후 내 아들이 주민등록증을 동사무소에 떼러 갔더니 강 씨의 이름이 있어서, 나는 깜짝 놀라서 강 씨에게 '어떻게 된 거냐'고 물었습니다. 그러자 강 씨는 "그건 제가 맘대로 가서 등록한 거예요. 필요한 도장은 남에게 부탁해서 만들었어요"라고 말했습니다. 나는 "그건 곤란해, 다른 곳으로 옮겨 주면 좋겠다"고 해서, 강 씨는 다른 농원으로 옮겼습니다. 내가 생각건대, 강 씨는 자신이 병으로 죽어버리면 사망신고를 내 줄 사람이 없었던 가봅니다. 내가 강 씨에게 잘해주었기 때문에 '강 씨의 사망신고서 정도는 제출해 주지 않을까 생각해서 그런 일을 한 거겠지'라고 생각합니다.

안정훈은 그렇게 설명하였다. 그러나 강덕경이 남의 인감을 사용해서 혼자서 동거 신고를 하는 것을 동사무소에서 아무 문제 없이 받아준다는 것은 생각하기 어렵다. 게다가 주민표에 따르면 동거 기간이 2년이나 된다. 그 정도 오랫동안 안정훈과 그의 가족이 주민표에 기재된 내용을 모르고 있었다는 것도 부자연스럽다.

한편, 남동생 병희는 안정훈에 대해 이렇게 말했다

> 권대우 씨가 죽고 얼마 안 된 16년 전 1982년경에, 누나가 비닐하우스에서 일하고 있던 때, 안정훈이라는 놈이 술을 잔뜩 먹이고서 취한 상태에서 강간했다고 누나가 내게 말한 적이 있습니다. 그놈을 패주려고 생각했지만, 실제로 때린 적은 없습니다. 나쁜 놈이에요.

또 한 사람, 안정훈과 강덕경과의 관계를 해명하는 실마리가 되는 증언을 할 사람이 있다. 강덕경이 나눔의 집에 입주할 때까지 4년을 살았던 비닐하우스 농원 여주인이다.

우리가 강덕경 할머니와 만났을 때 할머니는 어떤 할아버지와 함께 살고 있었습니다. 그 사람도 농업을 하는 사람이었습니다. 키가 크고 머리카락이 더부룩한 사람이었습니다. 비닐하우스를 하고 있을 때 할머니와 알게 되었다고 합니다. 할머니는 그 할아버지를 의지하고 있었지만, 할머니는 그 할아버지에게 돈을 빼앗기기도 했던 것 같습니다. 한마디로 말하면 할머니가 이용당한 거죠. 할아버지는 할머니에게 난폭했습니다. 때리기도 했던 것 같습니다. 그래서 우리는 할머니에게 "그 할아버지와 헤어지세요"라고 말했어요. 그러자 할머니는 "그렇게"라고 말하면서도 그때부터도 얼마간은 할아버지를 돌봐주고 있었습니다.

이러한 증언으로 추측하건대, 주민표에 기재된 '동거'는 단지 서류상의 일은 아니었다고 생각한다. 물론 강덕경 자신은 안정훈이라는 남자의 존재에 관해서는 한 번도 나에게 말한 적이 없다.

제7장
고백

삭막한 농원 생활

강덕경은 안정훈의 농원을 그만두고 다른 농원을 전전한 후에, 1988년
부터 1992년 나눔의 집으로 옮길 때까지의 4년 동안 경기도 남양주에 있
는 비닐하우스 농원에서 일하고 있었다. 1995년 6월, 강덕경이 예전에 입
주 노동을 하고 있던 농원에 나는 처음으로 갔다. 내 부탁을 들어주어, 나
눔의 집에 함께 사는 김순덕과 박옥련 두 분 할머니를 동반하여 강덕경이
나를 안내해 주었다.

서울 시내에서 버스로 한 시간 정도 달리자, 차창으로 전원을 가득 메
운 비닐하우스가 줄지어 나타났다. 버스에서 내려서 왼쪽으로 비닐하우스
가 계속되는 둑길을 걸었다. 300미터 정도 걸으니 콘크리트로 지어진 펌
프실이 나타났다. 강덕경은 그 펌프실 쪽으로 둑길을 내려갔다. 펌프실 앞
에 도착하자 강덕경은 건물을 가리키면서 내게 일본어로 말했다.

여기서 살았었어요.

사면이 콘크리트 벽으로 둘러싸인 감옥 같은 방 안은, 출입문에 자물쇠가 걸려 있어서 들여다볼 수 없었다. 펌프실 옆에 함석지붕과 베니어합판의 오두막이 부엌이었다고 강덕경은 설명했다.

> 농원 주인이 펌프실 옆에 비닐하우스 집을 지어 주어서 거기서 살고 있었습니다. 그런데 지금부터 6년 전 홍수로 바닥이 침수되어 버렸어. 그래서 바로 옆 콘크리트 펌프실로 옮겼어요. 내가 번 돈으로 베니어합판과 스티로폼을 사다가 벽을 만들고 바닥도 깔았습니다.
> 겨울은 엄청 추워서 물도 얼어 버렸지. 밥은 거의 먹지 않았어. 점심밥은 거의 주인이 해주었습니다. 밤에는 찬밥만 먹었습니다. 어쩌다 밥을 지어도 전부 먹을 수 없으니까 남은 밥을 나중에 또 먹었습니다. 겨울은 추워서 이불 속에 들어가도 손은 밖에 나와 있으니까 얼어 버릴 것 같았습니다.

강덕경에게 처음 주어진 일은 대나무로 비닐하우스 틀을 만드는 일이었다. 천정의 대나무 틀을 짚으로 엮는 작업을 잘하지 못해서, 농원 주인은 강덕경을 소개해준 아주머니에게 "왜 이런 사람을 데리고 온 거야"라고 화를 냈다. 그러나 모종을 다른 묘판에 옮기는 작업을 시키자 다른 아주머니들보다 빨랐다. 그걸 본 주인이 "내일부터 매일 오세요"라고 말했다.

농원에서는, 겨울에 씨를 뿌린 채소가 싹을 틔우는 봄에, 작은 모종을 다른 비닐하우스의 묘판에 옮기는 작업이나 길게 뻗은 토마토 줄기를 지지대에 묶는 작업에 쫓겼다. 여름은 토마토며 오이 따는 작업, 또 가을에는 김장 배추나 시금치를 수확하는 일이 기다리고 있었다.

농원의 비닐하우스(1995년 6월)

강덕경이 거주했던 펌프실(1995년 6월)

가장 힘들었던 것은 여름 더위였어요. 여기에 와서 첫 여름, 너무 더워서 정신이 어떻게 되는 것 같았어요. 토마토 수확기에는 물을 엄청나게 뿌려서 습도가 높고 낮에도 모기에 물렸어요. 그런 일은 노인들에게는 시키지 않으니까 젊은 내가 할 수밖에 없었죠. 토마토가 빨갛게 익고나서는 이미 늦어요. 빨갛게 물들기 시작할 때 따지 않으면 안 돼요. 그러기에는 기술이 필요합니다. 나는 그게 가능하니까 일당이 아니라 월급을 받는 지정 노동자였지요. 그렇지만 그 일은 엄청나게 땀을 흘리고 너무 힘든 작업이었어요. 오래 계속해서 할 수 없으니까 잠시 일을 하고 밖으로 나갔다가 그리고 다시 하우스에 들어와서 일을 계속할 수밖에 없어요.

일당은 처음에는 1,500원이었는데 머지않아 3,000원까지 올랐다. 비닐하우스 농원 노동자들이 임금 인상을 요구하며 시위를 결행했다. 수확기에 노동자들이 3일 동안이라도 일에 나오지 않게 되면 작물 출하를 할 수 없게 되기 때문에, 고용주 측도 노동자 측의 요구를 들어줄 수밖에 없었다. 그것이 점점 올라가서 4년 후 나눔의 집으로 옮기기 직전에는 15,000원까지 되었다.

첫 방문부터 약 3년 후인 1998년 5월, 나는 NHK 취재반과 함께 농원 주인에게 강덕경의 당시 생활을 취재하기 위해서 남양주 비닐하우스 농원을 재차 방문하였다. 여주인 손봉자가 강덕경이 살던 곳 부엌문을 열어 주었다. 함석 벽 여기저기가 부서져서 밖이 내다보였다. 함석지붕에 알전구가 늘어뜨려져 있었다. 넓이는 다다미 3장 정도밖에 되지 않는다. 싱크대 아래 문을 열었다. 안에서 녹슨 냄비며 주전자, 거기다 쓰다만 비누가 나왔다. 당시 강덕경이 썼던 것이라고 여주인 손 씨가 말했다. 밖에는 강덕경이 썼던 큰 냉장고가 방치된 채였다. 중고로 샀을 것이다. 안은 이미 녹슬어 있었다. 부엌에는 8년 전까지 살고 있던 강덕경의 생활 흔적이 아직

도 그대로 남아 있었다.

생전에, 비닐하우스 농원에서 혼자 살았던 고독감을 강덕경은 나에게 이렇게 말한 적이 있다.

누군가 놀러 온 적도 거의 없었어요. 처음에는 아무도 없는 밭에서 혼자 사는 것이 너무 무서웠어요. 이렇게 나 혼자 살다 보면, 무슨 짓을 할지도 모르겠다는 생각이 들었던 적이 있어요.

일은 여름에는 아침 7시부터 하는데, 조식과 점심 식사, 그리고 잠시 쉬는 시간을 끼고 저녁 7시까지였다. 식사는 거의 자취였다. 아침은 10시 경에 먹고, 점심은 오후 3시경에 하지만, 양은 적고 나머지는 술에 취한 상태였다.

농원 여주인 손 씨는 당시 강덕경의 황폐한 생활을 잘 기억하고 있었다.

아무튼 먹는 양은 적고 술과 담배뿐이었어요. 우리가 가끔 고기를 드려도 거의 드시지 않고, 술만 찾으셨어요.

술에 취하면, 아주 엉망이었어요. 길가에 쓰러져서 얼굴에 상처를 입기도 하고, 강 할머니가 취해서 길가에 쓰러져 있으면, 아는 사람이 내게 전화를 주는 거예요. 그러면 남편이 차로 나가서 데리고 돌아오지요. 할머니는 이성을 잃으면 아주 엉망이어서 큰일이었어요.

몸 상태도 좋지 않았기 때문에, 식사는 안 하고 술만 마시니까 일도 할 수 없게 되고, 돈도 없어지고. 그러면 며칠간 일해서 얼마쯤 벌면 술로 돈을 다 써버리는 거죠. 그러면 또 며칠 일하고…… 그런 나날이었어요.

손 씨가 왜 그렇게 술만 마시냐고 물어보니까 강덕경은 "나는 가족도 없고, 내 모진 팔자는 누구도 모르지, 술만이 내겐 사는 의미야"라고 답했다.

술을 마시면 강덕경은 자주 울었다. 울면서 옛날에 아기가 태어났지만 맡겨둔 고아원에서 네다섯 살 때 죽어버린 일 등, 옛날에 괴로웠던 일들을 주인 부부에게 털어놓았다. "일본 놈들은 나쁜 놈들이야"라고 말한 적도 있지만, '위안부'였던 과거를 말한 적은 없었다.

> 슬픈 노래를 부르면서 할머니는 "너희는 내 마음을 몰라"라고 말하고 잘 울었습니다. 이미자라는 가수 곡으로 '해운대 엘레지'라는 곡입니다. '언제까지나 언제까지나 헤어지지 말자고 맹세를 하고 다짐을 하던 너와 내가 아니냐……'라고 하는 가사였어요.
> 우리는 "할머니, 과거의 일은 과거의 일이고 지금이 중요하니까 지금부터 술 끊고 힘내서 살아있으면 장수도 할 수 있고, 더 행복하게 살 수 있어요"라고 말했습니다. 눈물을 흘리면 자주 노래했었습니다. 슬픈 노래를.

강덕경 자신, 내게 비닐하우스 시절이 가장 생활이 엉망이었다고 고백한 적이 있다.

어느 날 주인이 운전하는 경운기 짐칸에 타려다가 잘못해서 굴러떨어져 오른팔이 부러지고 말았다. 다음날 혼자서 병원에 갔는데 주인은 병문안도 오지 않았다. 강덕경은 병원에 통원하면서 식사도 빨래도 왼손으로 할 수밖에 없었다.

> 이렇게 나 혼자 살아 있으면, 내가 무슨 짓을 할지 모르겠다는 생각이 들었다. 그때는 경운기에 치여서 죽었으면 좋았을 텐데 하고 생각했다. 그때는 정말 죽고 싶었다. 살아 있는 게 귀찮았다. 나이를 먹고 '이렇게 살아 있으면 뭐 하지?'라는 생각은 그때까지도 때때로 했지만, 그때가 가장 죽고 싶다는 생각에 사로잡혔다.

처음으로 한 고백

사십몇 년 동안, 누구에게도 말하지 못한 채 숨겨왔던 '위안부'라는 과거를 처음으로 남에게 고백한 것은 비닐하우스 농원 시절이었다. 농원 주인 부부에게 '몸이 약했던 강 할머니가 자주 병원에 다녔다'고 들은 나는, 그 병원을 찾아갔다. 당시, 강덕경은 어떤 병에 걸렸었는지, 그 병은 '위안부'라는 과거의 경험에 기인한 것인지, 확인하기 위해서였다.

농원주인에게 들은 '세란병원'은 비닐하우스 농원에서 2, 3킬로미터 떨어진 간선도로 연변에 있었다. 임창섭 원장은 강덕경의 카르텔을 넘기면서 말했다.

여기 저기 몸 전체가 엉망이네요. 상처투성이였으니까.

임 의사는 강덕경에게 과거 일을 들었을 때를 선명하게 기억하고 있었다.

그것은 1991년 5월, 강덕경 씨가 팔뼈가 부러져서 치료하러 왔을 때였습니다. 대개 골절하면 가족이 함께 옵니다. 그런데 강 씨는 혼자 오셨어요. 당일은 부러진 팔에 깁스하고 돌아갔습니다. 며칠 후 다시 오셨을 때 깁스를 벗으면서 "팔이 부러졌는데 왜 혼자 오셨어요?"라고 물었습니다. 그러자 갑자기 강 씨의 표정이 확 바뀌더군요. '왜 그러지?'라고 생각할 틈도 없이 강 씨는 갑자기 울기 시작했습니다. 울면서 이야기를 시작했어요. '자신은 일본에서 '위안부'로 일할 수밖에 없어서 가족이라는 것을 가진 적이 없다, 한국에 돌아와 봐도 가족과 같이 살 수 없어 생활은 어렵고 주위에서도 차가운 눈초리로 본다'고.

'위안부'문제에 관해서 신문 기사로 보도되고 있었지만, 나는 거의 관심이 없었어요. 그렇지만 강 씨로부터 그 이야기를 듣고부터 '아아 이런 일이 있었던 거야? 이 사람이 일본에서 강요당한 고통이 어떤 것이었는지, 이해하지 않으면 안 되는구나' 하고 생각하고, 가급적 건네는 말도 자상하게, 보통 2, 3분이면 끝나는 치료도, 이야기하거나 웃으면서 하니까 진료 시간도 다른 환자보다 훨씬 길게 걸렸습니다.

그래서 일본에서 어떤 일이 있었는지 물어본 적이 있습니다. 그러나 그것 이상은 아무것도 대답하려고 하지 않았습니다. 울기만 하고 상당히 힘든 표정이었습니다. 그래서 '아아 이 사람은 더 이상 이런 질문은 하지 않는 게 좋겠다' 싶어서, 그 후에는 그 이야기는 더 이상 꺼내지 않도록 했습니다.

강덕경은 그 후에도 이 병원에 종종 치료하러 왔다. 팔의 골절이 완치되고 나서 2개월 후에는 신장염을 치료하러 왔고, 게다가 직후에는 위장이 아프다고 통원하였다. 소화기 계통 특히 위궤양이 원인이었다. 강덕경은 그다음 해인 1992년, 신장의 염증으로 8월과 11월의 두 차례 세란병원에 입원하였다. "만신창이로 고독한 강 씨를 치료하면서 같은 한국인으로서 너무 안타깝고 불쌍했습니다. 어떻게 달리 표현할 수가 없네요"라고 임 원장은 말했다.

나는 강덕경의 다양한 병환이 과거의 '위안부' 경험과 관련이 있다고 생각하냐고 임 원장에게 물었다. 그러자 임 원장은 이렇게 답했다.

'위안부' 경험을 특정해서 '이거다'라고는 말할 수 없습니다. 다만 한 가지 확실한 것은 이 병은 스트레스가 쌓이면 악화된다는 것입니다. '위안부' 시절부터의 정신적, 육체적인 고뇌가 하나의 커다란 스트레스가 되며 일제 시기나 귀국 후에 제대로 먹을 수 없었던 시기를 보냈기 때문에, 나이를 먹고 나서 여러 가지 증상이 나타났을 가능성이 있습니다. 여러 가지 원인이 복합적으로 얽혀서 스트레스의 원인이 되는 것입니다.

거듭, 임 원장은 "한 가지 더 덧붙이고 싶은 것은, 더욱 중요한 것은, 몸 상태가 나빴다는 점이 아니라는 것이죠"라며 말을 이었다.

일본과 우리나라는 문화적인 배경이 다릅니다. 한국 여성은 당시 순결을 지키려는 의식이 매우 강했습니다. 강 씨가 몇 살에 정신대로 일본에 갔는지는 모릅니다만, 젊어서 부모와 떨어져서 반강제적으로 갔겠지요. 그리고 낯선 곳에서 모르는 남자와 - 요전에 신문을 보니 하루 18명의 남자를 상대했다고 쓰여 있었습니다만 - 그것 자체가 이 사람의 인생을 완전히 다른 방향으로 바꿔버린 것입니다. 이 하나의 사건에 의해서, 이 사람 인생은 모든 것이 바뀌어 버렸다. 이 점이 중요한 것이지, 이 사람의 몸 상태가 나빴다는 것은 그다지 중요한 것이 아닙니다.

함께 '위안부'가 된 여성이 몇십 명이나 있었을 것입니다. 그중에는 적응하지 못하고, 공적 기록이 있는지 어떤지 모르겠습니다만, 자살한 사람도 있을 것이고, 도망가다 죽은 사람도 있을 것입니다. 또 살아남기 위해서 참고 지낸 사람도 있겠지요. 그중 한 사람이 강 씨겠지요. 그때부터 쌓여 온 것이 이 시점이 되어 발병하기에 충분한 요인이 되었다고 생각합니다. 강씨가 병원에 온 시점, 그것이 중요한 것이 결코 아닙니다. 이 사람은 한국에 돌아와서 가족이나 친척과 만났나요? 그런 상황에서 주위로부터 차가운 눈초리에 노출되어 왔다, 이런 점이 더 중요하고, 이러한 원인이 훨씬 중요합니다.

강덕경이 남동생 병희에게 '위안부'였던 과거를 처음으로 고백한 것은 세란병원에 입원 중의 일이었다. 강덕경과 병희는 병원 복도에 앉아 있었다. 그때 갑자기 강덕경은 동생에게 "어제, 여자정신대를 텔레비전에서 봤어"라고 말을 꺼냈다. 직후에 누나 입에서 튀어나온 일제 시기의 생활 이야기는 병희가 지금까지 한 번도 들어본 적이 없는 사실이었다.

누나는 울 것 같은 얼굴이었습니다. 그 이야기를 듣고 그런 고생을 한 누나가 불쌍해서…. 젊은 시절에 누나가 청혼하는 남자들을 계속 거절하고 남자를 싫어한 이유가 겨우 이해가 되었습니다. 누나는 자신과 남매라는 것을 다른 사람들에게 말하지 않는 게 좋겠다고 이야기했습니다.

강덕경이 자신의 과거를 공개한 것은 그 직후였다.

'위안부' 피해자로서의 신고

1991년 8월 14일, 일본군'위안부' 피해자 김학순이 처음으로 본명을 내걸고 자신의 과거를 공개했다. 이것이 계기가 되어, 이후 봇물 터진 듯이 한국에서는 '위안부' 피해자들이 잇달아 자신을 밝히고 나섰다. 그해 12월에는 세 명의 '위안부' 피해자들이 일본정부의 사죄와 보상을 요구하며 동경지방재판소에 제소했다. 그러나 일본정부는 국가나 군의 관여를 인정하려고 하지 않았다. 한국의 텔레비전은 그러한 일본 측의 반응을 전했다.

남양주 비닐하우스 농원에서 강덕경은 '위안부' 피해자에 관한 텔레비전 뉴스를 뚫어져라 쳐다보고 있었다.

내 방에 있는 작고 낡은 텔레비전을 보고 있는데, '위안부' 신고 이야기를 하고 있어서 그 사실을 알게 되었습니다. 나는, 나도 신고할까 말까 망설이고 있던 차에 그놈들(일본정부)이 자신들은 관여하지 않았다고 말하고 있었기 때문에 '이놈!' 하는 생각에 신고하자고 생각한 것입니다. 가까운 집에 전화가 있어서 텔레비전 화면 자막에 나오는 엠비씨(MBC)에 전화하니까 신고 받고 있는 '정신대문제대책협의회' 전화번호를 가르쳐 주었습니다. 그곳에 전화해서 직원과 만나기로 했어요. 그래서 마포(서울 시내) 사무소를

방문해서 직원과 만났습니다. 거기서 처음으로 신고했습니다. 그때는 눈
이 오는 겨울이었습니다.

그러나 신고를 결심할 때 강덕경은 육친이나 친척들의 반응을 생각하
지 않을 수 없었다. 자신이 '위안부'였다는 것을 공개하면 그들이 곤혹을
느끼거나 그들에게 나쁜 영향을 끼칠 염려도 있었기 때문이다. 강덕경은
고민한 끝에 지금은 일류 기업 중역이 된 또 다른 남동생과 그 가족에게
보고할 결심을 하였다.

막내 남동생 강종배(가명)는 강덕경이나 병희와는 아버지가 다른 남매이
다. 강덕경이 아직 어린 시절 모친과 이웃 남자와의 사이에 태어난 아이였
다. 병희에 따르면 막내는 중학교에서 대학까지의 학비 모두를 누나 강덕
경이 대주었고 고등학교에 다닐 무렵에는 언제나 누나 가게에서 밥을 먹
었다고 한다. 막내는 그 후 서울의 유명한 사립대학에 진학하고 졸업 후
일류 기업에 취직하였다.

서울 시내에서 강덕경과 동거하고 있던 권대우가 가족이 있는 미국으
로 건너갔던 시기에 강덕경은 막내 강종배 집에 의탁하고 있었다. 강종배
의 처 오정숙은 한국에서는 저명한 목사의 친동생이다. 결혼 전에 강종배
로부터 누나와 형이 있다는 것은 듣고 있었다. 그러나 그 두 사람이 아버
지가 다른 남매라는 것, 시누이가 술집에서 일하고 있다는 것, 또 술이나
담배를 하는 여자라는 것을 남편은 일절 말하지 않았다. 결혼 직후 그 사
실을 알게 된 오정숙은 "결혼 전에 왜 숨기고 있었어. 나는 속았다. 이혼
하자"고 심하게 남편을 비난했다.

2년 후 권대우가 미국에서 돌아오자 강덕경은 그와 다시 함께 살기 위
해서 막내 집에서 나왔다.

강덕경이 다시 막내 집을 찾아간 것은 1991년 연말이었다. '위안부'였던 사실을 공개하기 전에 동생 가족에게 고백하고 신고할 결의를 보고하기 위해서였다.

　　시누이는 소주를 한 잔 마시고, 담배를 한 대 피우고서 나에게 이야기가 있다고 했습니다. 내가 "뭐에요?"라고 하자 시누이는 "나는 옛날에 '위안부'였다. 이 일을 신고하려고 생각하는데 너희들에게 여러 가지 폐를 끼치게 될지도 모르니까 미안하다고 생각하지만……"이라고 말했습니다. 나는 시누이가 예전에 일본에 끌려갔다는 이야기를 듣기는 했습니다. 그때 시누이는 일본은 이렇다 저렇다는 이야기는 했지만, 나쁜 이야기는 하지 않았습니다. 그래서 갑자기 내가 '위안부'였다고 말해서 저는 깜짝 놀랐습니다. 그리고 나는 시누이에게 말했어요.

　　"언니, 제발 신고하지 말아 주세요. 나도 아이들도 그리고 남편도 너무 부끄럽습니다. 우리를 생각해서 그만두어 주세요. 그런 일이 알려지면 아이들 결혼 문제도 결혼 상대 쪽에도 큰일이 생길 테니 안 됩니다. 과거의 일에 집착해서 행동해 버리면 내 가족은 어떻게 합니까. 우리 애들을 생각해서 그만두세요"라고 말했어요.

　　그러자 언니는 울면서 "나도 그렇게 생각했지만, 개인으로서가 아니라 똑같은 일을 당했던 모두가 그 과거 때문에 자신의 일생을 헛되이 보내고 너무나도 비참한 인생을 살아왔다. 그러니까 모두가 힘을 합해서 일본과 싸워서 배상을 받아내야만 해"라고, 아주 단호한 말투였습니다. 이건 막을 수 없겠다 싶어서, 나는 입을 다물었습니다. 언니도 말없이 술을 마시고 담배를 피우고 있었습니다만, 한참 뒤에 "이제 이 집에는 두 번 다시 오지 않아. 너희들에게는 절대로 폐를 끼치지 않을 거야"라고 말하고 나가버렸습니다. 그때부터 두 번 다시는 이 집에 발을 들여놓은 일 없이, 전화도 하지 않았습니다. 자신에게 막내가 있다고 하는 이야기도 밖에서 일절 하지 않았다고 생각합니다. 나도 그 후 언니가 텔레비전에 나오거나 하면 창피해서 즉시 텔레비전을 꺼버렸습니다. 아이들이나 지인이 보면 곤란하니까요.

덧붙여 오정숙은 이렇게 이야기했다.

왜 여성이 그렇게까지 술과 담배를 하는지를 나는 나중에 이해하게 되었습니다. 그런 과거가 있기 때문에 마음의 상처가 얼마나 클까. 실의의 바닥에서 살아갈 의욕도 없었을 거라고 생각합니다. 나중에 언니의 과거를 알게 되고 나서 '아 그랬구나' 하고 생각했습니다. 한 사람의 여성으로서 상당히 솜씨가 있고, 이해력이 있고, 영어도 일본어도 잘하고, 만능이었던 사람이 그런 일까지 당하고 일생을 외로움과 슬픔 속에서, 살아갈 의욕도 잃었던 언니를 불쌍하게 생각하고 이해하게 되었어요.

그 후 '위안부'문제를 텔레비전 뉴스 등에서 보면, 한국 여성이 끌려가서,[1] 그런 일까지 당하게 한 것을 알게 되어, 그것을 행한 일본에 적개심이 불타올랐습니다. 만일 내가 혼자 산다면 '위안부' 피해자를 위해서 일본과 싸우고 싶지만, 내게는 아들과 딸이 있고, 아이들의 장래를 생각하지 않으면 안 됩니다. 한국도 아직, 그러한 문제에 대한 인식이 얕고 '그런 가정의 아들, 딸'이라는 식으로, 인상이 너무 나쁘기 때문에, 할머니들과 함께 일본과 싸우는 일을 나는 할 수 없어요.

막냇동생 안종배는, 강덕경이 신고의 결의를 했다는 것에 어떻게 반응했을까. 오정숙은 그때의 상황을 이렇게 말했다.

언니가 집에 왔을 때는 낮이었기 때문에 남편은 부재였어요. 그날도 남편은 일 때문에 밤늦게 귀가했습니다. 내가 낮에 언니와 한 애기를 하자 남편은 처음에는 놀랐지만, 말없이 있었습니다.

나는 생전의 강덕경에게 그때까지의 반생에 대해서 몇 번이나 인터뷰

---

1 원서 143쪽의 해당 문구는 저자에게 확인하고 수정, 번역한 것임을 밝혀둔다.

하였다. 그러나 강덕경은 막내와 그 가족에 대해서 전혀 이야기하지 않았다. 여러 증언 기사를 보아도, 막내의 존재에 대해서는 이야기되지 않았다. 나는 강덕경에게는 4살 연하의 동생 병희만이 유일한 육친이라고 생각하고 있었다.

강덕경이 막내에 대해서 남에게 말하지 않은 이유에 대해서, 동생 병희는 "막내는 회사 중역이라는 사회적으로 높은 지위에 있기 때문에, '위안부' 피해자인 자신의 동생이라고 공표하면 동생에게 폐를 끼치게 된다고 생각했던 것 같아요"라고 설명했다. 한편 "누나는 막내에게 화가 나 있었습니다. 대학 학비까지 대주었는데도, 자신의 과거를 수용하지 못하고, 거부했기 때문입니다"라고 병희는 내게 털어놓았다.

제8장
김순덕

김순덕의 '위안부' 생활

일본군'위안부'였던 여성들에게, 자신의 과거를 지원단체나 정부에 '신고'하고 공개하는 것은 얼마나 주저와 결단이 필요한 행위였을까. 이를 상징하는 사례가 강덕경이 나눔의 집에서 친언니처럼 따르던 김순덕의 경우이다.

김순덕은 1921년 경상남도 의령군 산촌에서 태어나 자랐다. 부친은 담뱃잎 농사를 짓는 농부였지만 일제 치하 담배는 전매품으로 일본 측에 값싸게 팔려 나갔다. 그 담뱃잎을 둘러싼 트러블 때문에 일본인 순사에게 폭행을 당하고 죽음에 이르자 오빠 둘, 언니, 여동생 그리고 엄마 총 6명 식구는 생활이 궁핍해져 거의 굶어 죽을 지경에 처했다. 가계를 돕기 위해서 김순덕은 12살 때 진주의 은행원 집에 가서 하녀로 일하기 시작했다. 저녁에 부엌일을 끝내면 밤중까지 2킬로미터 정도 떨어진 곳까지 가서 물을 길어와야 하는 가혹한 노동의 나날이었다. "이때 맛본 고생은 도저히 말로 다할 수 있는 게 아니에요"라고 『증언집』에서 당시를 이야기하고 있다.[1]

---

1 47~48쪽.

김순덕(1996년 8월)

돈이 조금 모였던 16세 때, 하녀 일을 그만두고 본가에 돌아와서 버섯이며 산나물 따는 일을 도왔다. 집은 여전히 가난한 나날이었다.

조선인 남자가 일본 공장에서 일할 젊은 여성을 모집한다는 이야기를 들은 것은 17세 때였다. 김순덕은 즉시 재빨리 그 남자를 만나서 일본에 갈 약속을 했다. "학교에도 가본 적이 없는 나는 정말 세상 물정을 너무 몰랐었죠. 공장에 돈 벌러 간다고만 생각하고, 그것이 위험한 일이라고는 꿈에도 생각하지 않았습니다"라고 김순덕은 회상하였다. 모집한 남자가 인솔해서 부산까지 갔더니, 합천이며 마산 등지에서 모집되어온 여성들이 30명 정도 있었다.

그 후에 생긴 일을 『증언집』에서 김순덕이 말한 내용과 나와의 인터뷰에서 증언한 것을 토대로 더듬어 보자.

> 여성들은 배로 나가사키에 도착하자 그대로 여관으로 안내되었다. 입구는 군인들이 감시하고 있었다. 첫날 밤, 김순덕은 계급이 높은 군인에게 끌려가서 강간당했다. 피가 나서 무서워서 도망하려고 했으나 군인이 등을 때리더니 "언젠가는 당할 일이었어. 몇 번인가 참으면 익숙해지니까"라고 달랬다. 나가사키에서 지낸 1주일 동안, 모집된 처녀들은 매일 밤 계급이 높은 군인들의 방으로 여기저기 끌려가서 강간당했다.

> 김순덕은 군인들에게 다가갔다.

> "왜 우리들을 남자 방으로 보내는 겁니까? 우리들이 앞으로 하는 일은 어떤 일입니까? 남자와 자는 일인 겁니까?"

> 그러자 '명령이 내려오지 않으면 어디로 갈지 알 수 없다. 무엇을 할지는 가봐야 안다'는 답이 돌아왔다.

> 나가사키에서 군인도 민간인도 탑승한 커다란 배를 타고 끌려간 곳은 상

해였다. 상륙 후 트럭에 태우고 마을을 벗어난 곳으로 데리고 갔다. 그곳은 육군 부대 주둔지 밖에 있는 커다란 집이었다. 그 집 안에는 베니어판으로 칸을 나눈, 한 사람이 옆으로 누울 정도 넓이의 방이 여러 개 만들어져 있었다.

김순덕은 '위안부' 생활을 『증언집』에서 이렇게 증언하고 있다.[2]

아침 7시에 일어나서 세수하고 교대로 밥을 먹으면, 9시경부터 군인이 줄 서기 시작했습니다. 저녁 5시 이후에는 계급이 높은 군인이 와서 자고 가는 사람도 있었습니다. 하루 평균 30~40명이 와서 바빠서 잘 수도 없을 정도였습니다.

성병에 걸리면 606호를 맞지만, 나는 주사를 맞은 적은 없습니다. 나는 방광염 같은, 하혈해서 소변을 누지 못하는 병에 걸려서 병원에 다니며 치료받았습니다. 다른 여자 중에는 바늘이 들어갈 구멍이 없을 정도로 성기가 상당히 부어서 출혈하는 사람도 많이 있었습니다. 아무것도 모르는 처녀를 데리고 와서 날이면 날마다 이런 일을 시키니까 얼마나 괴로운 일이었는지. 아이를 낳은 여자는 없었습니다만, 임신해서 주사를 맞거나 약을 먹고 낙태했다는 이야기는 들었습니다. 나는 성병에는 걸리지 않았지만, 최근에 병원에 가서 진단받으니 젊을 때 질을 혹사했기 때문에, 자궁이 비뚤어졌다고 합니다.

"군인이 옆으로 다가오는 것만으로도 나는 엎드려서 울었습니다. 방 안에 있어도, 밖에 군인이 있다는 걸 알기만 해도 이미 엎드려 울거나 도망가거나 했어요. 당시의 일을 나는 그림으로 그렸습니다"라고 김순덕이 내게 이야기한 그림은 '그때 그곳에서'이다. 50여 년 후에, 그때 경험을 그린, 그의 대표작 중 하나이다. 별이 빛나는 밤하늘 아래에 국방색 군복을

---

2 51~52쪽.

김순덕 '그때 그곳에서'

입은 3명의 군인이 서 있다. 그 발밑에 전라로 양손으로 얼굴을 가리고, 하얀 피부의 여자가 웅크리고 있다. 그때로부터 반세기가 지났어도 김순덕의 마음에 새겨진 광경이다.

병에 걸려서 하복부에서 하혈이 계속되었다. 여기저기서 여성이 자살했다는 소문이 들려왔다. 김순덕도 몇 번이고 자살 충동에 휩싸였다. 그러나 실행하지 못했다.

> 병이 낫지 않아서 정말 죽자 생각했었는데 목을 맬 끈도 풀어지고 높은 곳에서 뛰어내리려고 했지만, 너무 무서워서 못 했어요. 몇 번이고 죽으려고 했지만 하지 못했어요. 그렇다면 약을 먹고 죽자고 해서, 같이 '위안부'로 있던 5명이 계획했지만 차가 와서 또 끌려갔습니다. 우리가 여기서 약을 먹고 죽자고 생각하고 있다는 걸 알게 된 어느 일본군 장교가 놀라서 '그렇게 고생하고 있으면서 지금 죽으면 너무 억울하지 않나. 살아서 고향에 돌아가도록 할 테니까'라고 우리를 설득했습니다.[3]

---

3 위 증언은 1998년 5월 나눔의 집에서 저자가 인터뷰한 내용이라고 한다(2022년 6월 13일 옮긴이의 질의에 대한 저자 도이의 메일 회신). 김순덕의 구술은 앞의 『증언집』(45~57쪽)에도 김덕진이라는 가명으로 게재되어 있다. 참고로 덧붙이자면, 저자의 회신에는 다음과 같은 내용도 적혀 있었다. "김순덕 씨는 나와의 인터뷰에 이렇게 대답하였습니다. (도이) "이즈미 씨는 역시 좋은 사람이라고 생각했습니까?" (김순덕) 그렇죠. 당시, 나는 자살하려고 생각하고 있었는데, 그가 '죽으면 안된다. 조선에 돌아가서 병을 고치세요'라고 얘기해 주었습니다. 내게 생명의 은인이니까 물론 고맙다고 생각하고 있습니다."

망설인 '신고'

그 장교의 도움으로 김순덕이 조국으로 돌아온 것은 3년 후인 1940년 봄이었다. 귀국 후의 일을 김순덕은 내게 이렇게 말했다.

'일본에 갔다 온 여자여서 시집도 못 가'라며 뒤에서 수군거리는 험담을 주위 사람들로부터 듣고 힘들었어. 형제들에게도 '위안소에 갔다 왔다'고 는 말할 수 없고, 시집도 가고 싶지 않았지. 그래서 '일해서 혼자 산다'고 하고 서울로 상경했습니다. 기댈 곳도 없이 서울에 와서 여관에 묵었어. 그러나 돈도 없고, 앞으로 어떻게 해야 먹고 살 수 있을지 모르겠더군요, 그래서 여관 여주인에게 '일본에 갔다 왔는데 시골에서 가족과 함께 생활하기가 곤란해서'라고 사정을 말하고 '어딘가 일할 곳이 없을까'고 상의했습니다. 그러자 여주인이 '다소 월급을 줄 테니 함께 지내자'고 말해 주었습니다. 그래서 나는 거기서 밥을 짓거나 요리를 만들거나 하면서 또 시장에 식재료를 사러 다녀오기도 하면서 1년 정도 일했습니다.

그 후 어떤 사람의 소개로 본처가 있는 남성과 만나서 이른바 '첩'이 되어 3명의 아이를 낳았다. 김순덕이 25살 때였다. '남편'은 생활력이 없어서, 식모살이며 환자 간호 등을 하면서 밤낮을 가리지 않고 필사적으로 일해서 아이 셋을 길렀다.

귀국 후 가족에게도 일본군'위안부'였다는 과거를 계속 숨겨왔다. 그런 김순덕을 변화시킨 것은 1991년 일본군'위안부'였던 과거를 증언한 김학순이었다. 그 모습을 텔레비전으로 보고 김순덕은 마음이 움직였다.

지금까지 원통하고 분한 것을 혼자 가슴에 묻어 두었는데, 그것을 보고 밤잠을 못자게 되었습니다. (『증언집』)[4]

---

4 56쪽.

그러나 자신이 일본군'위안부'였다는 것을 김순덕이 지원단체에 신고하기까지는 오랜 망설임의 시간이 필요했다. 괴로운 경험을 김순덕은 1996년 6월 내게 이렇게 이야기했다.

　　나는 "일본군'위안부'였다"고 신고할 때 한 달 동안이나 잠을 잘 수 없었어요. 신고할까 말까, 정신이 이상해질 정도로 고민했습니다. 당시 일본 측은 과거 사실을 인정하지 않고 개인이 돈 벌러 간 것이라고 주장하는 것이 텔레비전에서 보도되었습니다. 절대 그렇지 않아요. 그렇다면 나 한 사람이라도 앞에 서서 증언한다면 어떻게든 보탬이 되지 않을까 하고 생각하고 신고를 결심했습니다.

　　혼자서 고민하고 있을 때 고등학교 교원인 조카에게 '나는 그러한 과거가 있다. 내 엄마에게도 이 일은 감추고 있다. 그렇지만 나는 지금 신고하려고 한다'고 이야기하자 '그러지 말아 주세요. 신고하면 숙모는 걱정이 없어져서 속 시원해질지 모르겠지만, 아이들에게 충격을 주게 되니까 안 하는 게 좋겠어요'라고 말했습니다. 그렇지만 집에 돌아가서 텔레비전에서 '위안부'에 대해 방송하는 것을 보고 있으면, 아무것도 안 하고 있으면 병이 날 것 같아서 안정되지 않았습니다.

　　이번에는 대전시에 사는 조카에게 상의했습니다. 그러자 조카도 내게 '신고하지 마세요. 지금 만년에 한을 풀면 숙모님은 기분이 편해질지 모르겠지만, 아이들에게 충격을 줄 일은 하지 않는 게 좋겠어요'라며 강하게 반대했습니다.

　　그렇지만 나는 케이비에스(KBS) 방송국을 찾아갔습니다. 어떻게 신고해야 하는지 몰랐기 때문에 그곳에서 신고 절차를 알려 주어서 신고했습니다. 그런데 신고한 후에 언제나 불안했습니다. 가족 모두에게 알려지게 되는 것이 불안해서 어쩔 줄을 몰랐어요. 이미 신고한 할머니 중에는 일본인을 집으로 데려오는 사람도 있었습니다만, 나는 그렇게는 하지 않았습니다.

당시 내 큰아들이 이혼해서 손자 둘을 데리고 네 명이서 살고 있었습니다. (일본인이) 손자 졸업식 때 집에 오겠다고 하는 것을 나는 거절했습니다.

그러나 아무리 감추려고 해도 가족에게 알려지고 말았습니다. 둘째 며느리가 텔레비전 뉴스를 보고 아들에게 알린 거예요. 직후에 차남이 나에게 물었습니다.

"어머니, 옛날에 그런 일이 있으셨어요?"
"확실히 과거에 그런 일이 있었다"고 나는 답했습니다.

"그렇게 중요한 일이 있었는데도, 지금까지 아들들에게 왜 말씀해 주지 않으셨어요?"

나는 대답했습니다.

"좋은 일도 아니고, 가슴아픈 일은 나 혼자 충분해. 옛날에 어머니에게도 말할 수 없었던 일이야. 새삼스레 자식에게는 말하고 싶지 않았다."

그러자 아들은 "그렇지만 그건 강제적으로 당한 것으로, 당시 한국인이 일본의 노예가 되어 있었던 것을 나도 충분히 이해하고 있어요. 좀더 빨리 상의해 주시면 좋았을텐데요."

그래서 나는 아들에게 이렇게 말했습니다.

"만일 내가 너에게 상의했다면, 내가 과거를 신고하는 것을 허락했겠니?"

"그래서 역사를 바로세울 수 있다면 그것이야말로 옳은 일이라고 우리들도 알고 있어요."

그러나 내 앞에서는 그렇게 말했지만, 나중에 며느리에게 들은 얘기로는, 아들이 늘 창밖을 쳐다보고 멍하니 있었다는 것 같아요. 뒤에서 말을 걸어도 알아차리지 못하고 "뭐해? 밥 먹고 출근해야지"라고 말하면 깜짝 놀라고. 몇 번이나 그런 일이 있었다고 해요.

그 이야기를 듣고 나는 마음이 아팠습니다. 처음에는 신고할지 말지 고민하고, 신고해서 모두에게 알려져서 화가 나서 잘 수가 없었습니다. 요즘은 오밤중에 소리를 지르곤 합니다.

자존심

김순덕은 돈벌이가 없는 '남편' 대신에 갖은 노동을 하면서 아이 셋을 양육하였다.

> 주변 사람들에게 '저 여자는 일본 '위안부'로 갔다 왔대'라는 험담을 듣고 싶지 않아서, 술도 담배도 하지 않았어요. 좋은 '남편'은 아니었지만 죽을 때까지 함께 살고, 사후는 성묘도 제사도 제대로 지내고, 양육에 전념했습니다.
> 우리 조선사람에게는 시집을 가면, 설사 하룻밤도 함께 지내지 못하고 남편이 죽어도, 일생을 시댁에서 시집살이하는 습관이 있습니다. 조선의 딸은 그럴 정도로 정조 관념이 강한데도 나는 정말 가혹한 운명이 아닌가 생각합니다. 다른 여자는 술을 마시거나 이것저것 즐겨도 나는 지금까지 밤에도 잠 못 자고 일만 해서 지금까지 살아왔어요. 그러한 일생을 보내고 죽을 때까지 이렇게 살아야 하느냐고 생각하면, 그게 억울해요.

김순덕은 내게 이렇게 이야기했다.

그러나 김순덕이 고민하고 망설이고, 주위의 반대를 무릅쓰고 굳이 일본군'위안부'였다는 과거를 공개한 것은 그 '억울함' 때문만이 아니었다. 또 하나의 동기를 김순덕은 '자존심'이라는 말로 표현했다.

> 일본정부는 자신들의 잘못을 역사에 남기지 않기 위해서 책임을 회피하고 있어요. 우리는 아무리 굶어도, 몸을 팔아서 돈을 벌기 위해 그런 곳에 간 것이 아니에요. 우리에게도 자존심이라는 게 있고, 내 나라에 대한 자존심이 있습니다! 우리는 그 자존심을 되찾고 싶은 거예요.

제9장
'쓰구나이킨(償い金)'[1]

나눔의 집의 불협화음

강덕경이 남양주 비닐하우스 농원의 '집'에서 서울 시내 나눔의 집으로 옮겨간 것은 1992년 11월 초순이었다. 강덕경은 60년대 후반에 들어서야 겨우 생활에 쫓기지 않고 안주할 곳을 얻었다. 그러나 한편, 긴 세월 동안 혼자서 하고 싶은 대로 생활하는 것에 익숙해진 강덕경은 타인과의 공동 생활이 아무래도 자유스럽지 못하다는 것을 느끼게 된다.

---

1 일본어 쓰구나이킨(償い金)은 '여성을 위한 아시아 평화 국민기금(이하 국민기금)'의 성격을 규정할 때 중요한 키워드이다. 대체로 국민기금을 지지하는 입장에서는 주로 '보상금'으로 번역하고, 반대 입장에서는 '위로금'이나 '일시금'으로 번역한다. 국민기금이 필리핀에서 사업을 할 때는 '속죄금(atonement money)'이었다. 이 책의 저자는 옮긴이의 질문에 대해 '보상금'으로 생각한다는 회신을 주었다. 옮긴이의 의견은 '지원금'이 적절하다고 생각하지만, 여기서는 기금에 대한 입장을 최대한 드러내지 않는 번역을 고민하다가 일본어 발음 그대로를 적고 동시에 저자의 의견을 주에 남기는 방법을 택했다. 또 하나, 여성을 위한 아시아 평화 국민기금이 제시하는 약칭은 '아시아여성기금'이지만 여기서는 '국민기금'으로 번역하였음을 밝혀둔다. 마지막으로, 국민기금의 용어나 사업 내용에 대해서, 「위안부 문제 해결책으로서의 '국민기금'의 문제」, 567~601쪽(윤명숙 지음, 최민순(최정원) 옮김, 『조선인 군위안부와 일본군 위안소제도』, 이학사, 2015)을 참조하기 바란다.

비닐하우스 일을 하고 있을 때는 아무것도 말할 필요도 없고, 마음이 편했는데, 여기로 온 뒤로 오히려 좋지 않아요. 남들 보기에는 자유로워 보이겠지만.

공동생활이어서 아침에 일어나고 싶지 않아도 일어나야 하고. 아파서 움직이지 못하는 게 아닌 이상 공동으로 하는 일은 함께 하지 않으면 안돼요. 다른 할머니들은 나보다 연상에, 고생한 분들이어서 생활 방식이 나와는 다릅니다. 별일이 아닌 것은 묵인하고, 손님이 찾아오면 양보할 것은 양보하고, 겸허하게, 얌전해야 할 때는 얌전하게 있으면 좋겠어. 그런데, 나이 많은 할머니들에게는 좀 안 좋은 면도 있어요. 같은 과거를 가진 사람들과의 생활이라서 외롭지 않아서 좋은 면도 있지만, 그 외에는 그다지 좋은 면이 없어요.

예전에 '위안부'였다는 것 이외에는 어떤 접점도 없고, 성격도, 귀국 후의 경험도, 살아온 방식도 전혀 다른 할머니들이 공동생활을 하고 있다. 그 와중에 다양한 알력이 생기는 것은 당연하다고 할 수 있겠다.

김순덕은 나눔의 집에서의 식사 준비나 청소 등 가사를 혼자 떠맡아서 온종일 바쁘게 여기저기서 일하고 있고 술도 담배도 하지 않는다. 그런 김순덕에게는 술에 취해 있거나 줄담배를 피우는 다른 할머니들에 대해서 불평불만이 많다.

여기 생활에서 힘든 점은, 할머니 중에는 남자와 살면서 싫어지면 헤어져버리는 일을 되풀이 해온 사람이나 술을 자주 마시고 줄담배를 피우는 사람도 있습니다. 나는 그런 사람하고는 맞지 않아요. 술 냄새도 지독해서 싫어요. 내 방만 온돌이 들어와서 따뜻하니까 모두 모여드는데 나는 술도 담배도 하지 않으니까, 내 방에서 술 마시고 담배 피우는 것이 싫어요. 그 사람들은 술을 마시고 과거나 지금 힘든 일들을 잊으려고 하는 것이겠지만

나는 '저 사람은 위안부였기 때문에'라고, 뒤에서 손가락질받고 싶지 않아
서, 술도 담배도 절대 하지 않았습니다.
　여기서 사는 좋은 점은 집이 넓고, 전기요금이나 수도, 전화요금, 쌀값을
내가 내지 않아도 좋다는 거예요.

한편, 7명의 할머니 중에 공동작업에도 거의 참여하지 않고 떨어져 있는
가옥의 방에 혼자 틀어박혀 있는 이영숙도 나눔의 집에서의 생활에는 불
만이 많다.

　여기서 살면서 좋은 점은 하나도 없어요. 나는 입맛이 다른 사람들과 맞
지 않아서, 언제나 혼자 밥을 해 먹고 있어. 혼자 사는 게 훨씬 나아요. 서
로 싸우거나 상처를 주고받더라도, 사이좋게 지내보자고 노력은 하고 있지
만, 만일 보상금을 받는다면, 즉시 여기서 나갈 거예요.

할머니들은 계속해서 찾아오는 방문객들이 요청하는 대로 이미 몇 번
이나 이야기해온 '위안부' 경험을 되풀이해서 말하지 않으면 안 된다. 방문
객에게는 처음 듣는 이야기일지라도 할머니들에게는 이미 몇십 번이나 이
야기한, 할 때마다 기억하고 싶지도 않은 과거로 끌려가는 증언이다. 방문
객들은 할머니들의 비참한 신상에 동정과 지원의 마음을 표하기 위해서 지
원금이며 음식, 생활용품을 기증하고 돌아간다. 그것들의 분배가 때때로
할머니들 사이에 싸움의 원인이 된다. 오랫동안 생활고에 시달리며 살아온
'위안부' 피해 할머니들이 금전이며 물품에 과민해지는 건 당연할 것이다.
　나 자신도 취재 중에 방문객에게 받은 선물을 둘러싸고 할머니들이 격
하게 싸우는 현장을 목격했다. 1995년 1월, 내가 취재를 시작하고 2주일
이 지났을 때 할머니들 사이에 심한 말싸움이 시작되었다.

이영숙 당신, 어제, 내가 맥주 한 잔 마시고, 식용유를 한 병 가지고 가
니까 '덜어서 가져가라'고 했지?

박두리 3병밖에 없는데, 혼자서 한 병을 가져가는 건 아니지.

이영숙 그런 걸로 트집 잡으면 매일 싸울 수밖에 없지.

박두리 3병밖에 없는데 어째서 한 병을 가져가는 거야.

이영숙 내가 받은 참기름 주었잖아.

박두리 혼자서 가져가다니! 정확하게 나눠 가져가. 이제 더 이상 이곳
에 오지 마.

이영숙 네가 나가! 누가 먼저 여기서 나가는지 두고 봐.

박두리 정확히, 나눠! 어째서 혼자서 가져가는 거야!

강덕경 언니, 이제 됐어요. 나중에 받으면 되잖아요.

박두리 왜 한 병이나 가져가는 거야.

이영숙 당신도 휴지를 가방에 넣어 놓고서 잘난 척하기는.

강덕경 언니, 그만해, 이전에 언니한테 참기름 2병 받았어.

박두리 그런 얘기 들은 적 없어. 보지도 않았고.

이영숙 보지 않으면 믿지 않는 거야!

박두리 여기에 오지 마! 이제 얼굴도 보기 싫어! 건방진 소리 하지마!

강덕경 언니, 그런 말 하면 안 돼요.

박두리 확실하게 나누지 않으면 안 되지! 내가 가지고 싶어서 그런 거
아니야!

이영숙과 심하게 말싸움을 한 박두리가 직후에 내게 이렇게 털어놓았다.

나는 귀가 잘 안 들려요. 싸움이 시작되면, 보청기를 빼고 상대의 목소리
를 안 듣기 위해서 내 방안에 박혀 있어요. 이런 식으로 1년이나 계속 참고
있으니까 병이 나버렸어요. 하고 싶은 말이 있으면 입 밖으로 꺼내지 않으
면 안 되는데 그동안 너무 참았어요.

그럼에도 7명의 할머니들이 공동생활을 선택한 것은 만족스러운 주거도 없고 식비도 부족해 어려운 생활에서 해방되고, 외부에서 지원을 받기 쉬운 것, 그리고 무엇보다 같은 체험을 한 사람들 사이에서라면 육친에게도 밝히지 못했던 과거를 감출 필요도 없다는 해방감이 있기 때문이다.

'위안부'문제의 상징

"할머니에게 안주(安住)의 장소를 제공하자"고 시작한 나눔의 집이지만, 이후 일본군'위안부'문제를 한국 내외에 널리 알리는 운동의 '상징'이 되어갔다. 나눔의 집 할머니들이 매주 참가하는 일본대사관 앞에서의 항의 데모 '수요시위'는 그 상징의 일례이다.

수요시위는 정신대문제대책협의회(정대협) 등 일본군'위안부' 피해자 지원조직의 호소로, 매주 수요일 정오부터 30분간, 일본대사관 앞에서 보상을 요구하는 시위로 1992년 1월부터 시작되어 계속되고 있다. 22년이 지난 2014년 12월 현재, 1,150회를 넘었다.

내가 취재를 계속하고 있던 1994~1997년 당시, 이 집회에 중심적인 참가자는 나눔의 집 할머니들이었다. 수요일 점심 가까이가 되면, 병약해서 외출하지 않는 손판임을 제외한 6명의 할머니가 버스로 서울 중심가 종로구 일각에 있는 일본대사관을 향해 출발했다. 할머니들이 도착하면 즉시 대사관 정문 앞에 기동대원 수십 명이 열을 지어 배치된다. 할머니들과 지원자들에게서 일본대사관을 '지키기' 위해서이다. 다른 일본군'위안부' 피해자들도 합류해서 십수 명이 된 할머니들과 이를 지지하는 학생이나 일반 시민, 거기에 정대협 스태프 등 20~30명은 횡단막이나 플래카드를 들고 기동대에 대치하듯이 정문 앞에 늘어섰다.

1994~1995년 당시 최대 초점이 된 것은 일본정부가 내건 '여성을 위한 아시아평화 국민기금(아시아여성기금)' 문제였다. 기금의 핵심은 일본군'위안부' 피해 생존자들에게 국민적인 보상을 하기 위해 기금을 민간에서 모금한다는 것이었다. 고령화하는 일본군'위안부' 피해 생존자들을 하루라도 빨리 구제하는 것이 급선무고, 사회당 연립정권이라는 당시 무라야마 내각이 아니면 기회를 놓쳐버린다고 미키 무츠코(三木睦子, 미키 다케오[三木武夫] 전 수상 부인), 오타카 도시코(大鷹淑子, 전 참의원 의원), 아카마츠 료코(赤松良子, 전 문부대신), 와다 하루키(和田春樹, 당시 동경대학 교수), 오누마 야스아키(大沼保昭, 당시 동경대학 교수) 등이 발기인이 되었다.

이에 대해서 많은 일본군'위안부' 피해 생존자들이나 이들을 지원하는 정대협은 "전쟁범죄를 저지른 것은 어디까지나 일본의 군과 정부다. 따라서 정부가 사죄하고 배상하지 않으면 안 되는 일인데, 이를 민간에서 모금하고 민간의 이름으로 위로금이라든가 민간 기금을 만든다고 하는 것은 완전히 도리에 어긋난 것이다"라고 강하게 반발하였다.

> "일본정부는 민간기금을 철회하고 피해자에게 배상하라!"
> "일본정부는 전쟁범죄를 인정하고 책임자를 처벌하라!"
> "정신대문제를 해결하고 민족의 자존을 회복하자!"

핸드 마이크를 쥐고 외치는 정대협 스태프의 목소리에 화답하여 할머니들도 오른손을 불끈 쥐고 주먹을 허공에 휘두르며 "배상하라! 배상하라!" "처벌하라! 처벌하라!" "회복하자! 회복하자!"라고 큰 소리로 외쳤다.

할머니들이 손에 쥔 횡단막에는 "전후처리 문제를 해결하지 않는 일본의 유엔 안보리 상임이사국 가입에 반대" "한국정부는 정신대문제 해결을 위해서 선두에 서라!"고 한글로 쓰여져 있다.

매주 진행되는 데모에 일본대사관 측은 건물 창을 닫고 정관할 뿐이다. 비자 취득 등을 위해 대사관 앞에 줄 서는 시민도 할머니들이나 지원자들의 대열을 흘낏 보고 지나칠 뿐 거의 관심을 보이지 않는다.

일본대사관 앞에서 수요시위(1996년 8월)

그러나 나눔의 집 할머니 중에는 '국가배상'에 구애받지 않는 사람도 있다. 방문 선물 분배 문제에 격하게 말싸움했던 박두리도 그중 한 명이다.

> 모금으로 모은 돈도 국가가 지급하는 돈도 다 똑같은 돈이에요. 나는 50년 동안이나 내 집 하나 없이 늘 다른 사람 집에 살면서 고생해 왔어. 내 재산이라는 것은 아무것도 없어요. '이것은 내 것'이라고 말할 수 있는 집에서

1년이고 2년이고 편하게 살다가 죽고 싶어. '민간의 위로금은 안 받아, 이런저런 것은 안 받아'라고 말하지만, 똥 묻은 돈도 다 돈이에요. 민간의 모금이 정부의 배상금보다 더 많으면 어떻게 할 건데. 나는 죽을 때까지 편한 생활을 할 수 있을 정도의 돈을 준다면……나는 '이런저런 돈을 주세요'라고 말할 수 있는 입장이 아니기 때문에……나는 언제 죽을지 모르기 때문에, 살아있는 동안에 편하게 살고 싶어…….

또한 과거를 잊기 위해서 술을 손에서 떼지 못하는 이용녀도 '민간 기금'이라도 받을 수 있다면, 하고 바라고 있다.

일본에서 민간 위로금(위문금. 見舞金)이 나온다는 얘기가 있잖아요? 나는 적어도 1억 원(당시 약 1,000만 엔)은 받아야 해. 그 정도 있으면 집을 사고 편하게 생활하다 죽을 수 있어. 내가 입원하게 되었을 때 요양 보호사를 구할 수 있어. 밥도 앉아서 받아먹을 수 있어. 그보다 위로금 2,600만 원(약 260만 엔)이라도 나오면 작은 방이라도 빌려서 살 수 있을 텐데.

죽어버리면 끝이에요. 그 전에 돈을 써보고 죽고 싶어. 다른 할머니 중에는 '그런 위로금을 받으면 창녀가 돼 버리는 거지'라고 말하는 사람도 있지만, 그것은 뭐라 부르냐에 따라서 어떻게든 달라지는 거야. 2,600만 원의 위로금을 받아서 끝내고 싶다는 할머니도 있고, 위로금이 아닌 배상금을 좀 더 많이 받고 싶다는 할머니도 있어. 각양각색이에요.

나는 솔직하게 말합니다. 지금 위로금을 받지 않고, 우리들이[2] 일본에 가면 이 이상이 가능합니까. 못하잖아요? 2,600만 원이라도 의미가 있어요. 한국정부가 지금처럼 20만 원을 주지 않으면 우리들은 어떻게 밥 먹고 사나요?

---

2 원서 167쪽에는 '우리들'이라는 주어가 없지만, 한국어 번역에서는 의미를 명확하게 하기 위해서 저자에게 확인, 동의하에 '우리들'을 넣어 번역했음을 밝혀둔다.

한편 자궁 적출 수술을 받고 몸이 약해진 손판임은 민간 기금에는 반대지만 확고한 신념이 있는 것은 아니다.

나는 집을 사고 싶다고도 생각하지 않아요. 배상금을 받으면 가난한 사람에게 일 원이라도 도움이 되도록 주고 싶어요. 나는 죽을 때까지 양로원에서 지낼 수만 있으면 돼요. 내가 민간기금을 받는 것을 반대하고 있는 것은, 정대협이 그렇게 말하니까. 나는 그 단체를 믿고 있어요. 잘못된 길로 우리를 이끌 리가 없으니까요.

한편 강덕경은 박두리나 이용녀와 달리 금전에 대한 집착이 별로 없다.

지금은 아무것도 필요 없어요. 어차피 이렇게 된 거면, 일본정부가 진상을 규명해 준다면, 나 개인으로서는 배상받지 못해도 상관없다고 생각합니다. 조사할 것은 조사하고, 과거의 사실을 밝힌 다음에 양국이 친해지면 좋겠다고 생각하고 있어요. 다만 민간기금에는 반대입니다. 이것을 받으면 한국의 역사가 없어져 버리잖아요. 그게 분해요. 돈의 문제가 아니에요.

내가 혜화동 나눔의 집에 다니던 1995년 1월, 민간기금을 둘러싸고 강덕경, 김순덕 그리고 이용녀 할머니 세 분이 토론을 시작하였다.

이용녀 화가 나서 참을 수가 없어요. 기다리다 해를 넘기고, 기다리다 해를 넘기고……. 이렇게 나눔의 집에 모여서 생활하는 것도 할머니들 성격도 다들 다르니까 참는 것도 힘들어요. '위안부' 피해자로 신고한 지도 벌써 4년이나 되는데. 왜 빨리 해결해 주지 않는 거야. 일본은 부자나라라면서. 잘못을 저질렀으면 빨리 배상을 하지 않으면 안되는 거잖아.

강덕경 일본정부는 돈을 내는 것이 싫다고 말하는 건 아니에요. 그들은 과거의 일을 역사에 남기고 싶지 않기 때문에 안 하는 거에요. 국가의 명예에 상처가 나니까.

김순덕 그러니까 일본은 깨끗한 국민으로 있고 싶다는 거지요. 자신의 나라에 그것을 남겨두지 않기 위해서 있는 힘을 다하고 있는 거예요.

이용녀 어리석은 거야. 빨리 해결하고 잊어버리는 게 좋지.

김순덕 그러니까 돈으로는 위로금이라는 거예요. 위로금이라는 돈은 내 줄 의향이 있지만 자신의 과거에 상처를 내는 건 싫다는 거예요.

강덕경 '사죄하라!', '진상규명하라!'. 그것을 일본정부는 안 하잖아. 돈으로 해결할 수 있는 일이면 벌써 해결했지요.

김순덕 일본은 명예를 소중하게 지키고 싶은 거지요. 그렇게나 큰 죄를 저질러 놓고, 오점을 남기지 않고 끝내려고 하고 있는 거예요. 우리도 요만큼의 돈으로 후퇴하고 싶지 않아요. 한국정부에 이렇다 할 무언가를 남겨 두고 싶어요. 일본정부도 우리도 서로 명예를 걸고 겨루고 있는 거예요.

강덕경 한국 학생들도 이대로는 참지 않을 거예요. 역사에는 기록되어 있고 속속 책도 나오고 있으니까.

김순덕 14, 15세의 시골 처녀가 왜 그런 곳으로 갔다고 생각합니까? 만일 우리가 지금 위로금을 받는다면, 몇백 년이 지난 다음에라도 결국 우리는 '매춘부였다'는 게 돼 버리지. 그러니까 우리는 우리 자신의 명예를 걸고 겨루고 있는 거예요.

제10장
전달과 표현

다큐멘터리 영화 <낮은 목소리>

내가 취재를 시작한 1994년 12월, 나눔의 집에서는 다큐멘터리 영화 촬영이 진행되고 있었다. 여성 감독 변영주와 그녀가 이끌고 있는 기록영화제작소 보임의 촬영 스태프 5, 6명이 할머니들의 목소리와 생활을 기록하기 위해 나눔의 집에 오고 있었다. 스태프들의 촬영 현장을 옆에서 보면서 나는 금방 촬영팀과 할머니들 사이의 묘한 관계를 알아챘다. 할머니들은 마치 자신의 아이나 손자라도 되는 듯이 마음을 열고 있었다. 그것은 때때로 나눔의 집에 나타나는 한국 내외의 방송국 취재반을 대하는 태도와 대조적이었다. 이미 대중 사이에 만들어진 "일본군'위안부' 피해자"라는 이미지에 맞는 영상을 약 한 시간 정도 찍고 정형적인 인터뷰를 마치면 할머니들과 거의 대화다운 대화를 나누는 일도 없이, 서둘러서 돌아가는 방송국 취재반 사람들. 할머니들도 이미 이런 매스컴 공세에는 익숙해져 있는 듯해서 틀에 박힌, 방송국이 기대하는 "일본군'위안부' 피해자"상에 맞는 장면을, 굳은 표정을 지어 보였다.

그러나 보임의 젊은 스태프들이 찾아오면, 집안의 분위기나 할머니들의 표정이 확 바뀐다. 방안에 들어오자마자 대학생 여성 스태프가 석유스토브 앞에서 불을 쬐고 있는 할머니에게 달려가서 손녀가 할머니에게 말을 걸듯이 손을 따뜻해지도록 쓰다듬으며 "할머니, 손이 차가우시네"라면서 말을 건다. 할머니들도 '손주들'의 방문에 말수도 많아지고 웃음도 흘러나온다. 그런 분위기에서 천천히 카메라가 돌기 시작한다. 방송국 카메라 앞에서는 보인 적이 없는 할머니들의 편하고 자연스러운 표정과 차차 튀어나오는 속마음을 카메라와 마이크가 담담하게 기록해 간다.

그러나 변 감독이나 스태프들은 마음에 깊은 상처를 입은 할머니들과 그러한 관계를 하루아침에 만든 게 아니었다. 변 감독은 말한다.

> 처음에 영화 제작을 결정한 단계에서 할머니들과 만났을 때, 할머니들은 '벌써 피곤하고 지긋지긋'하다는 얼굴을 하셨습니다. 여기저기 다양한 곳에서 취재하러 와서는 금방 돌아가 버리기 때문입니다. 나중에 안 일이지만, 할머니들을 그린 문화 예술 활동을 하는 사람들이 할머니들의 이름을 빌려 돈벌이를 한 일도 있었던 모양입니다. 그런 일이 오히려 할머니들에게 심적 고통을 주는 것이 되어 있었던 것입니다. 나는 영화를 찍는 것보다 중요한 것은 할머니들과 우리들의 신뢰 관계라고 생각했습니다. 그래서 1994년까지의 1년 반 동안 촬영은 하지 않고 할머니들과 함께 시간을 보냈습니다.

나눔의 집 전 원장 혜진 스님도 영화 스태프와 할머니들과의 관계를 저서에 이렇게 쓰고 있다.[1]

---

1 혜진, 『나, 내일 데모간데이』, 대원사, 1997, 149쪽.

변영주 씨도 역시 서교동 시절에는 촬영 장비를 들고 나타난 환영받지 못한 손님 중의 한 부류였다. 그러나 할머니들의 일상을 담아냄으로써 역사를 기록해야 하는 보임의 입장도 어지간한지라, 몇 년을 두고 이루어진 할머니들과의 미운 정 고운 정이, 더 이상 손님이 아닌 식구로 만들었다.

하여튼 식구로 편입되기까지 보임 식구들은 본업보다는 부업과 잔업에 시달려야 했다. 세 번에 걸친 이사는 말할 것도 없고, 새집 단장을 위한 일꾼으로 전락하는 일은 다반사였다.

변 감독은 할머니들과 인간관계를 쌓아 마음을 열기 위해 스태프들과 나눔의 집을 쉬지 않고 다녔다. 1994년 2월에 나눔의 집이 서교동에서 혜화동으로 이사를 해야 하게 되었을 때 딜레마에 빠졌다.

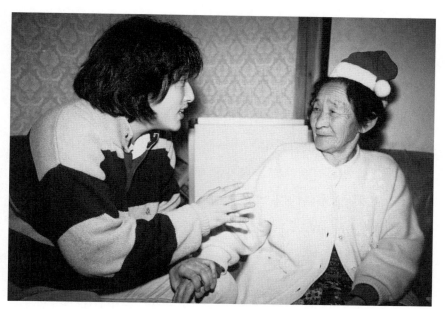

박옥련과 이야기하는 변영주(1994년 12월)

이사 갈 집은 방구들이 시멘트가 드러난 채여서 마치 폐허 같았어요. 여기로 이사 와서 살만한 환경을 만들기 위해 고군분투하는 할머니들을 찍어야 했습니다. 그런 영상은 나중에는 찍을 수 있는 게 아니니까. 그렇지만 찍으려 하면 이삿짐 전부를 할머니들끼리만 치우고 정리해야 하는데 달리 도와줄 사람도 없었습니다. 촬영해야 하지만, 그래서 도와 드리지 못하면 할머니들을 촬영에 이용만 하는 게 되어 버릴 것 같았습니다. 도와주면서 이런 중요한 장면을 찍지 못하는구나 하고 안타깝기도 했지만, 나중에 생각해보니, 그게 맞는 결단이었다고 생각하게 되었습니다. 다큐멘터리에 있어서 확실히 중요한 장면은 있습니다만, 그것보다도 일상생활에서 촬영하는 측과 찍히는 측의 관계를 작품 안에 녹아낼 수 있다면, 그게 더 중요하다고 생각하게 되었죠.

종국에는, 1995년 봄에 완성된 다큐멘터리 영화 〈낮은 목소리〉(일본어판은 '나눔의 집')는 "50, 60년 전 힘든 경험을 한 사람들이 현재 어떻게 살고 있는지 그린"다는 변 감독의 의도가 훌륭하게 결실을 맺어 한국뿐만 아니라 일본에서도 크나큰 반향을 일으켰다. 제4회(1995년) 야마가타(山形) 국제 다큐멘터리 영화제 '아시아 백화요란' 부문에 초대되어 전도유망한 아시아 신인 감독에게 주어지는 오가와 신스케(小川紳介)상을 수상하였다.

변 감독이 일본군 '위안부' 피해자에 대한 다큐멘터리 영화 제작을 생각하게 된 계기는 1991년 8월 '위안부' 피해 생존자 김학순이 처음으로 실명으로 증언하는 텔레비전 뉴스였다. 당시 변 감독은 영화제작의 자금을 마련하기 위해 제주도에서 가라오케 비디오를 촬영하고 있었다.

증언을 보면서 나는 내 안에 죄의식을 느꼈습니다. 그 할머니는 마치 내게 무언가 말을 걸고 있는 것 같았습니다. 초등학교 시절부터 '정신대'라는 말은 들어왔지만, 그건 어디까지나 성적 문제라고, 방관자 입장에서 듣고

있었습니다. 그러나 무시무시한 폭력에 노출된 할머니 입장에서 처음으로
이 문제를 보기 시작했을 때 내가 가해자가 된 것 같은 부끄러운 생각에 사
로잡혔던 거예요.

변 감독은 이에 더해 순풍에 돛 단 격과 같은 만남을 경험한다. 1993년
한국의 '기생관광'(기생은 본래 '예기'지만 풍속 관련 여성을 가리킨다)을 주제로 한 다
큐멘터리 〈아시아에서 여성으로 산다는 것〉을 제작하는 중에, 같은 제주
도 관광 요정에서 '기생'으로 일하고 있는 여성과 만났다. 그 여성의 모친
도 역시 예전에 일본군'위안부'였다는 것이다.

내 머릿속이 텅 비는 것 같은 느낌이 들었습니다. 한국 여성에 대한 약탈
의 역사를 눈앞에서 보는 것 같았어요. 그때 '위안부' 피해자에 관한 다큐멘
터리 영화를 제작하고 싶다고 결심한 거죠.

영화제작을 결심하긴 했지만, 변 감독에게는 제작 자금 조달, 스태프 모
집 등 해결하지 않으면 안 되는 난제가 가로막고 있었다. 다행히도 촬영 기
자재는 일본의 오가와 프로덕션이 제공해 주었다. 자금 모금을 위해 변 감
독은 '100피트 회원 모집 운동'을 개시하였다. 필름 100피트를 사주는 회원
을 모아서 회원에게는 배지와 미니 기관지를 보내는 시스템이다. 이 운동에
의해 제작비 1억 7,000만 원(당시 약 2,000만 엔)의 3분의 2 정도를 모았다.

급여를 줄 수 없는 봉사 스태프를 모으는 것은 친구나 지인 등 주변의
인간관계에 의존했다. 모교인 이화여자대학 후배의 소개, 비디오 다큐멘
터리 〈아시아에서 여성으로 산다는 것〉 제작 중에 제주도에서 알게 된 사
람들의 지인, 이전 작품 시사회에서 만났던 청년들 등이 계속해서 모여들
었다. 기획 담당 여성 스태프는 예전에 대학에서 여성학을 배우고 있었는

데 변 감독의 〈아시아에서 여성으로 산다는 것〉을 보고 스태프로 참가하기로 결정했다. 제주도의 대학에서 수의사 자격을 딴 청년은 영화 제작의 꿈을 실현하기 위해서 상경해서 수의사의 길을 버리고 이 영화 제작에 합류했다. 스태프의 대부분이 재학생이거나 영화 제작을 위해 대학이나 대학원을 휴학한 청년, 또 졸업 후에 취직한 회사를 그만두고 참가한 젊은 이들이었다. 금전적인 보수를 기대하지 못하는 그들은 문자 그대로 '뜻'과 '정열'에만 기대어 활동을 계속했다. 당연히 '생활'이라는 현실 앞에서 영화제작을 포기하고, 현장에서 멀어져간 사람도 적지 않았다. 촬영 시작부터 반년 동안 여러 명이 그만두고 카메라맨은 4명이나 교체되었다.

변영주가 명문 이화여자대학교에 입학한 것은 1985년, 한국 국내가 민주화를 요구하는 학생운동에 격렬하게 흔들리던 시기였다. 이대에도 매일같이 전투경찰이 학생데모를 진압하기 위해 구내에 침입하여 많은 학생을 연행해 갔다. 그러나 변영주는 경찰에 연행되는 행동을 자제해서 몸을 사리는 학생 생활을 보냈다.

> 많은 사람이 민주화 운동을 위해서 자신을 희생하고 있던 시대에 나는 무서워서 도망만 다니고 있었습니다. 나는 비겁한 80년대를 보내고 있었던 거죠. 영화를 만들면서 그 당시의 일을 생각해 봅니다. 내가 하고 싶은 일을 하고 있는 지금은 더 이상 두 번 다시 현실에서 도망치고 싶지 않습니다. 앞으로는 정면에서 현실을 부딪쳐 가고 싶습니다. 그러기 위해서 1989년부터 영화를 만들면서 자신을 훈련시켜 왔으며 노력도 하고 있습니다.

변 감독이 전작 '기생관광' 문제며 이번의 일본군'위안부'문제를 다루기 시작하면서 실감한 것은 "같은 여자인 내게는 남의 일이 아니다"라는 것이다. 만일 그 당시 같은 상황에 있다면 자신도 당사자가 되었을지도 모른다는 생각이 변 감독에게는 있다.

나는 이 세상에는 제3자의 시선이라는 건 있을 수 없다고 생각합니다. 있는 것은 가해자의 시선과 피해자의 시선, 두 개뿐입니다. 제3자의 시선은 있을 수 없습니다. 나는 할머니들의 영화를 통해서, 관객의 시선을 제3자의 시선으로부터 피해자의 시선으로 바꾸고 싶은 겁니다.

　변 감독의 '피해자 시선'은 '위안부' 피해자 할머니들과의 교류와 촬영 중에 한층 다듬어져 갔다. 그것은 가해자에 대한 그녀의 격한 분노가 되어 갔다. 영화 〈낮은 목소리〉에 등장하는 중국에 남겨진 한국인 '위안부' 피해 생존자들을 촬영하면서 자신 속에 용솟음친 감정을 변 감독이 내게 이렇게 토로한 적이 있다.

　　현지에서 할머니들과 20일 정도 함께 생활하며 촬영한 때였어요. 나는 때때로 살기를 품었습니다. 누군가를 죽이고 싶다는 감정입니다. 그 대상이 구체적으로 누구라고 확실히 알고 있었던 것은 아닙니다. 다만 어째서 이러한 상황이 만들어졌는지, 현재도 계속되고 있는 이러한 가혹한 역사의 흔적, 이 정도까지의 고통을, 한 인간에게 주는 것이 어째서 가능한가 하는 생각이었습니다. 그러한 역사를 만든 자들을 죽여 버리고 싶다는 살의입니다. 현실에서는 죽일 수 없지만, 그만큼 강한 영화를 만들고 싶다는 것이 내 꿈입니다.

　그러나 한편, 자신의 그러한 생각을 반영하도록 제작하는 영화가 과연 정말로 할머니들에게 유익한 것일까 하고 변 감독은 자문한다.

　　내가 가장 마음이 아팠던 것은 내가 촬영을 마치고 중국에서 돌아가면 과연 할머니들에게 어떤 도움이 되는가 하는 것이었습니다. 내 영화 제작을 위해서 수십 년 전 상처의 통증을 되살려 내고 말았습니다. 평화롭게 살고 있던 그녀들 앞에 내가 갑자기 나타나서 과거 이야기를 하게 하고 마음속을 휘저어놓고 정신적으로 혼란을 주고 말았습니다. 다큐멘터리라고 하는 것은 때로 비정한 것입니다. 영화에서 과연 그 할머니들의 상황을 바꾸기 위해 어떤 영향을 끼치는 것이 가능할까, 일방적으로 나만 구원받고 끝나버리는 것은 아닌가 하는 죄의식을 느끼고 말았습니다.

영화 〈낮은 목소리〉 촬영 중에 변 감독이 등장인물의 중심으로 놓은 사람이 강덕경이었다. 영화도 일본대사관 앞에서 데모할 때도, 흰 천을 뒤집어쓴 강덕경이 데모대를 저지하려는 경찰대에게 격렬하게 맞서는 장면으로 시작한다. 표현 능력이 뛰어나 감정의 기복이 심한 강덕경은 영화에서도 가장 '그림이 되는 인물'이었음에 틀림없다. 그러나 변 감독이 강덕경을 특히 주목한 이유는 단지 영화의 피사체로서의 매력에서만이 아니었다.

촬영을 떠나서도, 변 감독은 강덕경과 얘기하는 일이 많았다. 그것은 변 감독이 강덕경에게 단지 '위안부' 피해자로서만이 아니고 같은 여성의 '인생 선배'로서 대하는 와중에 마음을 열고 서로 이야기하고, 서로 상담하면서 상대가 되어 간 것일지도 모른다. 강덕경도 그런 변영주를 딸처럼 귀여워했다. 두 사람의 그러한 관계를 상징하는 것 같은 광경을 나는 1994년 12월 31일, 나눔의 집에서 열린 송년회 자리에서 목격했다.

송년회 음식 준비는 변 감독과 스태프가 담당하고 나눔의 집 부엌도 그녀들이 점령해 버렸다. 변영주는 모친이 직접 만든 요리를 집에서 가져왔다. 윤정옥 정대협 공동대표(당시)며 스태프들도 참가한 파티 시작에서, 나눔의 집 할머니를 대표하여 인사하게 된 강덕경은, 먼저 올해 이사를 비롯해서 여러 가지 지원을 아끼지 않았던 변 감독과 스태프들에게 깊은 감사의 뜻을 전했다.

이미 오후 이른 시간부터 소주를 마시기 시작한 강덕경은 파티 자리에서 완전히 취해서 몽롱한 상태에서 십팔번 노래를 부르기 시작했다. 그것은 비닐하우스 농원 시절, 취하면 자주 불렀다는, 농원 여주인 손봉자가 이야기한 이미자의 '해운대 엘레지'라는 노래였다.[2]

> 언제까지나 언제까지나
>
> 헤어지지 말자고
>
> 맹세를 하고
>
> 다짐을 하던 너와 내가 아니더냐
>
> 사랑도 가고 또 너도 또 가고
>
> 나만 혼자 외로이
>
> 그때 그 시절
>
> 그리운 시절 못 잊어 내가 운다

송년회 자리도 끝나고 손님도 돌아간 후에 석유스토브가 있는 거실에 강덕경과 변영주만이 남았다. 두 사람은 소파 위에서 마주 앉아 있었다. 취하긴 했지만 강덕경은 변 감독의 얼굴을 가만히 바라보고 왼손으로 그녀의 머리카락을 부드럽게 쓰다듬으며 속삭이듯이 말을 하고 있었다. 뚫어지게 자신을 바라보는 강덕경의 시선을 피하지 않고 변 감독은 그 말에 끄덕이면서 듣고 있었다.

이윽고 강덕경은 변 감독에게 춤을 추자고 했다. 손을 잡고 사교댄스 스텝을 밟으면서 강덕경은 일본 유행가를 반주 삼아 노래하기 시작했다. 몸집이 큰 변 감독은 취해서 제대로 서지 못하는 강덕경을 안아 세우는 것

---

2 가사 4행에서 이미자가 부르는 노래 가사에서는 '아니냐'이지만 강덕경이 부른 노래 가사는 '아니더냐'이다. 또, 강덕경이 부른 가사 5행은 '사랑도 가고 또 너도 또 가고'인데, 원가사는 '세월은 가고 너도 또 가고'이다. 강덕경의 일생에 비추어 보면, 세월이 아닌 '사랑'이나 지난 일을 회상하며 물을 때에 쓰는 '더냐'라는 종결어미가 중요한 의미를 가진 것으로 여겨져서 변영주 감독의 〈낮은 목소리 1〉에서 강덕경이 부른 가사로 옮겼다. 원서의 노래 가사 역시 〈낮은 목소리1〉에 나오는 가사의 일본어 번역문이다.

처럼 강덕경의 스텝에 맞추어 춤을 추었다.

그 광경에 나는 '찍는 자'와 '찍히는 자'라는 관계를 넘어서, 말로 다 할 수 없는 마음속을 꺼내 보이고 기록을 맡기려는 선배와 그 생각을 온몸으로 받아 전하려고 하는 후배와의 강한 유대감을 본 것 같았다.

그 두 사람의 관계는 영화 〈낮은 목소리 2〉에서 훌륭하게 결실을 맺었다. 폐암에 장폐색이라는 합병증이 생긴 강덕경은 1년간의 투병 생활 과정에서 서서히 죽음을 향해 나아간다. 그 모습과 목소리를 카메라는 담담하게 기록해 나갔다. 1996년 세밑에 강덕경이 다시 한번 쓰러져 서울 시내 아산중앙병원에서 임종이 임박해 있을 때 변 감독과 스태프들은 24시간 체제로 변환하고 강덕경의 간병과 기록을 계속했다.

카메라는 강덕경의 죽음과 주위 할머니들의 반응을 극명하게 포착하고 있었다. 이 "강덕경의 투병 생활과 죽음"은 영화 〈낮은 목소리 2〉에서도 압권이다. 두 사람의 관계를 아는 내 눈에는 그 영상은 "강덕경의 죽음을 헛되게 하지 않으려는" 변 감독의 집념 표출로 보였다.

그림으로 호소한 '위안부' 피해 생존자

꽃이 만개한 벚나무, 그 나무줄기의 화신이 된 군복 모습의 일본군인. 그 옆에 옆으로 누운 벌거벗은 소녀. 두 손으로 얼굴을 감싸고 있다. 벚나무 뿌리 밑에는 수많은 해골.

《빼앗긴 순정》이라고 제목 붙인 강덕경 대표작 중에 하나다.

한국에는 '위안부'였던 사실을 정부에 신고하고 실명을 밝힌 할머니가 243명[3] 있다. 그중에서도 강덕경은 한국 내외에 널리 그 이름이 알려져서

---

3 저자 설명에 따르면, 243명은 집필 당시 정대협 발표라고 기억한다고 하였으나 오

한국의 '위안부' 피해자의 상징과 같은 존재가 되어 있었다. 강덕경을 유명하게 한 것은 그림이다. 강덕경이 남긴 30여 점 가까운 그림은 말보다 유창하게, 한 사람의 '위안부' 피해자의 과거와 현재의 심경을 표현하고 있다. 그 그림은 한국이나 일본, 그리고 미국 각지에서 공개되어 커다란 반향을 일으켰다. '그림으로 호소한 "위안부" 피해자'로서 강덕경이라는 이름을 사람들은 기억하게 되었다.

강덕경이 그림을 그리기 시작한 계기가 된 것은 1993년 2월 나눔의 집에서 시작한 그림 수업이다.

일본군'위안부'로 끌려간 여성 중에서 많은 이들이 가난한 가정 출신으로 학교에 갈 기회조차 주어지지 않았던 사람도 적지 않다. 그래서 70세가 넘는 지금까지도 한글을 읽지 못하는 불편한 생활을 해야만 했다. 나눔의 집을 설립한 직후 할머니들의 생활에서 그 사실을 알게 된 원장 혜진 스님은 할머니들에게 한글을 가르쳐주는 봉사자를 구하는 신문 광고를 냈다. 이에 응한 5명의 봉사자 중에서 미술대학 대학원에서 배우고 있는 여대생 이경신이 있었다.

신문 광고를 보고 나도 조금이나마 보탬이 되고 싶다고 생각해서 응모하였습니다. 김학순 할머니가 처음으로 '위안부' 피해자로서 증언한 후에 나는 계속 '위안부' 피해 할머니들의 문제에 관심이 있었기 때문입니다. 1993년부터 다른 봉사자와 함께 할머니들에게 한글을 가르치기 시작했습니다만, 내가 미술대학에 다니는 것을 알게 된 주위 사람들에게서 "그림도 가르쳐 보

류이므로 수치를 정정한다. 이 책이 발간된 2015년 현재, 한국정부에 등록된 일본군'위안부' 피해자는 총 238명이고, 2022년 현재 240명이다. 이 중에는 실명을 공개하지 않는 피해자도 포함되어 있으나 숫자는 공개하지 않고 있다. 참고로 2022년 5월 현재 생존자는 11명이다. 애초에, 한국정부에 등록되지 않은/못한 피해자의 정확한 숫자는 알 수 없으며 전체 4만~20만 명이라고 하는 일본군'위안부' 피해자의 숫자는 추정치이다.

지?"라는 이야기가 나왔습니다. 그게 할머니에게 그림을 가르치게 된 계기입니다.[4]

애초, '할머니들이 그림 그리는 걸 좋아하게 되는 정도면 좋겠다'는 가벼운 마음으로 시작한 그림 수업이었지만 이경신은 어느덧 '할머니들이 그림에 당신들의 마음을 표현할 수 있다면'이라는 바람으로 커져 있었다.

"할머니들이 마음속 깊이 숨겨놓았던 자신의 과거를 그림으로 증언하는 작업을 통해 마음속에 침전시켜온 '한'을 풀고, 여생을 살아갈 수 있도록 하고 싶다, 할머니들 개개인의 그러한 '마음의 정리 작업'에 보탬이 되고 싶다, 하는 희망이 있었습니다"라고 이경신은 말한다.

그러나 실제로 시작해보니, 곤란한 작업인 것을 알게 되었다. 이경신이 먼저 고민해야 했던 것은 할머니들의 심경에 가능한 한 접근해서 자신에게 마음을 열게 하는 것이었다. 그러기 위해서는 먼저 자신이 할머니들을 이해하지 않으면 안 되었다.

다음은 할머니들이 그림에 관심을 가지게 하는 것이었다. 그러나 지금까지 한 번도 그림을 그린 경험도 없는 할머니 중에는 "왜 내가 그림을 그려야 하는 거야?" "어차피 나는 못 해"라고 반발하여 거부하는 사람도 있었다. 그러나 그림을 실제로 그리기 시작하자 서서히 그런 소리는 하지 않게 되었다.

이경신이 할머니들에게 준 첫 과제는 자기 손이나 컵, 주전자 등 주변에 있는 생활용품, 그리고 과일이나 야채 등의 사생이었다. 할머니들에게 표현 기술을 몸에 익히게 하기 위해서다. 강덕경이 남긴 스케치북에는 이

---

4 저자에게 문의한 결과, 해당 인용을 포함하여 이후에 나오는 이경신 구술에 따른 서술은 모두, 저자와의 인터뷰가 출처임을 밝혀 둔다. 통역을 통해 이경신을 만난 것은 1995년경 혜화동 나눔의집이었다고 기억한다는 회신이었다.

때 그린 자신의 손, 꽃이나 초목 데생이 많이 남아 있다. 다음 단계가 할머니들에게 과거 체험을 그림에 표현하도록 하는 것이었다. 이경신은 대학원 강의에서 배운, 그림을 그리는 것으로 마음의 상처를 치유하는, 이른바 '미술치료'가 '위안부' 피해 생존자 할머니들의 마음 치유에 도움이 될까 하고 생각했다. 그녀는 미술치료를 하고 있는 여러 현장을 다니면서 어떻게 하면 그리는 이의 감정을 표현하도록 할 수 있는지 연구를 거듭했다. 때로는 강덕경 등 할머니들을 청해서 미술치료 현장을 견학하고 힘들었던 경험이며 슬펐던 기억을 어떻게 그림으로 그려낼지 함께 고민하며 모색했다.

> 내가 처음부터 "과거의 체험을 그림으로 그려주세요"라고 말하면 싫어서 거부당할지 모른다고 생각했기 때문에 나는 우선 할머니들에게 추상적인 표현을 사용해서 감정을 표현하는 방법을 선택했습니다. 할머니들이 그리고 싶은 대로 추상적으로 표현하는 수법입니다.

이경신은 할머니들을 일본군'위안부'를 주제로 한 화가들의 회화전에 가자고 청했다. 전문가의 그림을 본 강덕경 등 할머니들은 "나는 저렇게 그릴 수 없어. 그릴 자신이 없어"라고 의기소침해져 버리고 말았다. 그런 할머니들에게 이경신은 "아니에요. 경험이 그 무엇보다 그림을 감동적으로 만들어요"라고 설득했다.

> 어떤 의미에서는 강 할머니가 계셔서 그림 수업을 계속할 수 있었다고 말할 수 있어요. 강 할머니는 그림을 그리는 데에 강한 열정이 있었어요. 게다가 그림 재능도 있어서, 특히 데생을 아주 좋아해서 사실적인 표현이 아주 뛰어났어요. 강 할머니의 사실적인 그림은 그 후 심상 표현, 추상적인 표현으로 바뀌고, 나아가 다시 실사적인 표현으로 돌아와서, 마지막은 그 중간이라고 말할 수 있는 반추상적인 그림입니다. 강 할머니의 그림 특징

은 그리는 그림 내용에 자신만의 독특한 의미를 포함하는 거예요. 예를 들어 처녀의 영혼이 새의 모습이 되거나 원한을 풀거나 자신을 배로 표현하거나 까마귀 부리가 물고 있는 것을 기쁜 소식으로 상징하거나 하는 식으로 자신 나름의 해석을 넣어 그리는 겁니다.

이경신은 홀린 듯이 계속해서 그림을 그려내는 강덕경을 북돋고 조언을 계속했다. 그렇게 남겨진 그림 한 점 한 점을 이경신은 당시 강덕경이 그리면서 토로했던 심경을 기억해내면서 해설하였다.

《배를 따는 일본군》[5]

강 할머니는 과일 중에서 배를 제일 좋아했어요. 배는 강 할머니 자신을 가리킵니다. 아랫부분의 무궁화꽃은 한국 국화니까 그 땅은 조국의 국토를 의미합니다. 그 안에서 일본인 손이 튀어나와 배를 따고 있는 모습이에요. 강 할머니 자신이 일본인 손에 의해 따지는 입장이 됐다는 표현입니다.

《새가 되어》

강 할머니는 '위안부'로 끌려가서 그 후에도 결혼하지 못했습니다. '위안부'가 된 여성 중에는 죽은 사람도 많았습니다. 그 여자들이 새가 되어 한을 풀기 위해서 일본의 군인을 처벌하고 싶다, 자신의 아픔을 돌려주고 싶다는 마음을 표현했습니다.

《라바울 위안소》

나눔의 집에서 함께 살았던 박옥련 할머니에게 라바울에서의 상황을 듣고 표현한 것입니다. 뒤에 그려 넣은 것은 화산입니다. 왼쪽 아래에는

---

5 이 책의 7쪽 그림 참조.

그림을 그리는 강덕경(1995년 1월)

'위안소'에 열 지어 찾아오는 일본군인들 모습을 그렸습니다. 오른쪽 아래 꽃들은 남양(南洋) 고추[6] 같은 거예요. 위안소 계단에는 여성들이 피곤해서 축 늘어져 누워 있습니다.

《책임자를 처벌하라! 평화를 위하여》[7]

할머니들이 손에 들고 있는 '권총'은 권총 자체를 의미하는 것이 아닙니다. 그것은 "우리 '위안부' 피해 할머니들이 우리 손으로 과거의 사실을 밝힌다"는 의미입니다. 하얀 비둘기는 평화를 상징하고 나뭇가지 위의 알은 미래의 평화를 나타내고 있습니다.

《내가 살던 위안소》[8]

이 건물은 위안소이고 주위의 작은 꽃은 봉선화입니다. 위쪽 붉은 동그라미는 일장기로 일본을 상징하고 있습니다. 그 안에 그린 여성은 강 할머니 자신입니다. 새는 조국이 해방되었다는 소식을 나르고 있습니다.

《아픔》

이 그림을 그린 날은 강 할머니 몸 상태가 안 좋았습니다. 중앙의 붉은 부분은 악귀를 상징하고 그것과 교차하듯이 비스듬하게 그린 것은 강 할머니 자신입니다. 악귀가 자신의 몸에 달라붙어 병이 한층 심해지는 것을 나타내고 있습니다. 밝은 부분은 빨리 병이 낫기를 바라는 마음이 담긴 것입니다.

---

6 여기서는 원서에 있는 대로 '남양 고추'라고 번역하였다. 참고로 이경신의 『못다 핀 꽃』(휴머니스트, 210쪽)에는 박옥련이 '월남 고추'라고 설명하고 있다.

7 이 책의 193쪽 그림 참조.

8 이 책의 6쪽 그림 참조. 원서에서는 〈우리들이 있던 위안소(私たちのいた慰安所)〉로 번안되어 있었으나 여기서는 혜진 스님의 『나, 내일 데모간데이』(대원사, 1997)에 수록된 그림 제목을 기준으로 번역하였다.

《외로워서》

이 그림은 할머니의 외로움을 그리고 있습니다. 위쪽 붉은색과 점들은 강 할머니의 아픔과 기분 나쁨을 나타낸 것입니다. 중앙에 그린 새 아래의 황토색 부분은 할머니의 손입니다. 외로운 새가 외로운 할머니 손 위에 앉아 있습니다. 그림을 그리기 시작해서 5개월에서 1년 사이에 그린 것입니다.

《깊은 산중에 기러기 떼》

그림 수업을 시작하고 8개월 후에 그린 그림입니다. 위쪽의 복잡하고 날카롭게 각이 진 선은 초조하고 혼란스러운 당시 강 할머니의 심리 상태를 나타내고 있습니다. 그 밑에 구부러진 부드러운 선은 상태가 좋아진 마음을 나타내고 있습니다. 바로 그 아래는 깊은 산 속 아름다운 장소를 상상해서 그렸습니다. 조용히 살고 싶다는 할머니의 마음이 드러나 있습니다. 추상적인 그림을 그리기 시작하고 그린 첫 작품입니다.

《심술쟁이 우리 선생》[9]

이 그림은 1993년 10월 19일에 그렸습니다. 그날 아침 TV 뉴스에서 일본 정치가가 "일본군'위안부' 따위 없었다. 강제 연행 따위 없었다"고 한 발언이 보도되었습니다. 뉴스를 듣고 강 할머니는 기분이 나빠졌습니다. 내가 "그 감정을 그림으로 표현해 보세요"라고 해서 그려진 것이 이 그림입니다. 위쪽 붉은색은 할머니의 기분 나쁜 상태를 나타내고 있습니다. 점 (모양)으로 떨어지고 있는 것은 피입니다. 피는 강물과는 섞이지 않고 물 위

---

9 이 책의 194쪽 그림 참조.

에 떠 있습니다. 즉 "물에 녹일 수도 없는 한이 내 가슴에 쌓여 남아 있다"는 것을 표현하고 싶었던 것입니다. 힘든 마음을 그림으로 그려보라고 한 나를 무척 심술궂다고 생각했다고 합니다. 그래서 제목이 '심술쟁이 우리 선생'이 된 것입니다.

《사죄》

무궁화꽃이 피어있는 곳은 한국 땅입니다. 두 여성은 살아남은 일본군 '위안부' 피해자입니다. 일장기 위에서 무릎 꿇은 자는 일본의 책임자. 일본 측은 "정부 책임이 아니고 민간에서 했다고 하지만 우리는 현실에서 경험한 사람이고 아직 살아 있으니까 우리 앞에서 사죄하라"는 마음을 표현한 것입니다.

《악몽 – 물에 빠짐》[10]

파랗게 그린 것은 물이고 물에 빠진 여성을 둘러싸듯 길게 이어진 곡선은 일본 군인의 팔입니다. '위안부'를 강요당했던 전쟁 지역에서 귀국하려고 탔던 배가 폭격 등으로 침몰해 버렸습니다. 그중에는 일본군이 직접 폭파한 거라는 소문도 있습니다. '위안부'들은 아가씨 시절에 몸을 혹사당하여 결국은 만신창이가 되어 버려진다는, 안타까운 한국 여성의 모습을 나타낸 것입니다. 그런 슬픈 현실 속에서도 자연 속 새는 자유롭게 날고 있습니다.

《한의 승화》

1994년 서울 시내에 있던 나눔의 집으로 이사했을 때의 기분을 표현

---

10 이 책의 8쪽 그림 참조.

한 것입니다. 이때는 한겨울이라 얼어붙을 정도로 추웠는데 방에는 온돌도 없었습니다. 더구나 짐 정리도 진척이 없어서 신경이 곤두선 나날이었습니다. 검고 보라색 부분은 당시 강 할머니의 그때의 어두운 마음을 그리고 있습니다. 그러나 점점 짐이 정리되기 시작하고 날씨도 따뜻해지자 기분도 누그러졌습니다. 이러한 심경은 밝고 부드러운 색, 그리고 희망을 나타내는 파랑으로 변해갑니다.

《무제》[11]

고향을 생각하는 강 할머니 자신입니다. 할머니의 슬픔과 외로움을 표현하고 있습니다. 왼쪽 부분은 일본 군인들의 손이 여성의 몸을 잡으려 하고 있습니다. 그림 왼쪽은 과거로, 시간의 흐름을 표현하려고 했습니다. 이것은[12] 지울 수 없는 할머니 속에 있는 한의 응어리입니다. 지금도 과거 경험이 하나의 응어리가 되어 남아 있는 것입니다. 이것은[13] 새가 아니고 강 할머니의 마음을 표현한 것입니다. 할머니는 항상 기분 나쁨이나 아픔, 한을 빨강으로 표현합니다.

한겨레신문의 연재소설 삽화를 담당했고 다수의 개인전을 여는 화가가 된 이경신. 그녀에게 '전문가 시각에서 강덕경의 그림을 어떻게 평가하느냐'고 물으니 이렇게 답했다.

> 저는 할머니들 그림을 객관적으로 평가하기 어렵습니다. 할머니들과 함께 공부해오는 동안에, 할머니들에게 깊은 애정을 느꼈기 때문입니다. 하

---

11 이 책의 195쪽 그림 참조.
12 그림 아래쪽의 동그라미를 가리킨다.
13 그림 오른쪽 위에 새처럼 생긴 것을 가리킨다.

지만 4년 동안 강 할머니의 그림을 봐왔던 입장에서 예술적 평가를 감히 한다면 어느 그림도 매우 개성적이라고 생각합니다. 다만 일본군'위안부' 였던 할머니들의 그림은 예술적인 시점에서 평가하기보다 희생 당사자가 자신의 경험을 그림으로 표현했다고 하는 것에 의미가 있다고 생각합니다. 할머니들과 화가들이 '위안부'라는 주제로 여러 차례 그림 전시회를 열어 왔습니다. 화가들은 기술적으로 미를 표현하는 것에는 뛰어날지 모릅니다. 그러나 내용 전달이라는 측면에서 보면, 경험자인 할머니들의 그림을 따라갈 수 없습니다. 경험자로서 있는 그대로를 표현하는 것이 매우 뛰어나다고 생각합니다.

《책임자를 처벌하라! 평화를 위하여》

《심술쟁이 우리 선생》

《무제》

제11장
임종

폐암 말기 선고

1994년 말부터 약 한 달, 그리고 이듬해 6월에 약 2주 동안, 나눔의 집과 할머니들을 취재하고 촬영한 결과는 1995년 8월 NHK 이티브이(ETV) 특집에서 '나눔의 집 할머니들'이라는 다큐멘터리 프로그램으로 방영되었다. 강덕경이 폐암 말기라고 판명된 것은 그로부터 약 4개월 후 1995년 세밑, 일본대사관 앞 수요시위 도중에 쓰러져 병원에 실려 갔을 때였다.

그 사실을 알게 된 나는 강덕경의 여생을 영상으로 기록해야겠다고 결심했다.

1996년 3월 나는 거의 9개월 만에 강덕경과 다시 만났다. 나눔의 집이 서울 시내 혜화동에서 경기도 광주로 이전한 직후였다.

새 나눔의 집은 서울 시내에서 버스로 2시간이나 걸리는 산과 밭으로 둘러싸인 시골에 세워졌다.

경기도 광주로 이전한 나눔의 집(1996년 3월)

그곳으로 할머니들이 옮겨 살기까지는 복잡한 경위가 있었다. 약 1년 반 만에 유학을 마치고 귀국한 나눔의 집 혜진 원장은 혜화동 나눔의 집 할머니들이 돈에 대한 집착이 더욱더 강해져 있는 것에 강한 충격을 받았다. 혜진은 이에 대한 근본적인 대책으로, 이전에 한 신도에게 기증받은 광주 땅에 새로 집을 지어서 할머니들의 '영원한 보금자리'를 만들 결심을 굳혔다. "할머니들이 그나마 편안히 남은 인생을 보낼 수 있는 곳은 생활에 찌들고 각박한 서울이 아니라는 생각이 들었기 때문"이라고, 혜진은 일부러 시골로 나눔의 집을 옮기고자 했던 이유를 설명한다.

다양한 단체며 개인에게서 기부받고 또 빚을 얻어서 1995년 8월에 시작한 공사는 4개월 후인 12월에 완료되었다. 층마다 3평 정도의 방이 3, 4개 있고, 넓은 복도와 부엌을 갖춘 2층 건물 두 채에다, 그 옆에 1층에는 집회장, 2층에는 불상이 안치된 8각형의 연수관이 광대한 대지에 늘어선 훌륭한 시설이었다.

그러나 가장 중요한 할머니들은 서울 시내에서 멀리 떨어진 시골로 들어가 버리는 것을 납득하지 못하고, 새로운 나눔의 집으로 이전하는 것을 거부하였다. 강덕경은 반대파의 중심인물로 벌써 혜화동 나눔의 집을 나와 살곳을 구하기 시작했다. 1995년 12월 새로운 나눔의 집 입주식을 마쳤으나 결국, 그 넓은 곳에 입주한 사람은 혜진 원장과 이미 나눔의 집을 나와 그 터에 작은 집을 짓고 혼자 살고 있던 이용녀 두 사람뿐이었다. 혜진은 자기의 바람과 할머니들의 기대가 엇갈려서, 거의 포기하려고 했다.

그러던 중에 아무도 예상하지 못한 일이 일어났다. 강덕경의 폐암 말기 선고였다. 그 후의 경위를 혜진은 『나, 내일 데모간데이』[1]에서 이렇게 쓰고 있다.

> (폐암 말기 강덕경에게) 공기 좋은 시골에 살아야 한다는 의사 선생님 말씀은 바로 퇴촌면 가샛골 나눔의 집으로 가야 한다는 의미였다. 당신 동생의 설득에 강 할머니는 결정적으로 마음을 정리하였다, 이사하기로. 그 뒤 대세는 기울어졌고 식구처럼 강 할머니를 따라 모두가 한날에 이사 했다. 아파트에 사는 것이 마지막 소원이라는 손판임 할머니를 제외하고는…….

강덕경이 언니처럼 따르던 김순덕도, 아들네가 사는 서울에서 멀어지는 것을 싫어했다. 그러나 '동생'의 애원에 결심을 바꿨다.

> 나눔의 집에서나 다른 곳에서도, 강덕경과 나는 누구보다도 친자매처럼 지냈습니다. 나는 여기에 오고 싶지 않았지만 강덕경이 "거기는 산속이라 공기도 좋아. 나를 살리는 셈 치고 같이 가요"라고 권해서 나도 여기로 왔습니다.

---

1 혜진, 『나 내일 데모간데이』, 대원사, 1997, 124쪽.

나눔의 집 재방문

강덕경은 막 지은 2호관 2층에서 사이가 좋은 박옥련, 김순덕과 셋이서 살고 있었다.

4개월 전 폐암 말기라고 선고받은 직후에, 결장이 파열하여 복막염을 일으켜 재입원한 강덕경을 내가 아는 일본인이 병문안을 다녀왔다. 그에게서, 한때는 의식이 몽롱할 정도로 중태였다고 들었기 때문에 다시는 일어나지 못하는 상태인가 하고 걱정하고 있었다. 그러나 9개월 만에 방문해 보니 강덕경은 방에 서서 움직이고 있었고, 목소리도 이전처럼 생기가 있었다.

하지만 자세히 관찰하고 있자니 병은 강 할머니 일상생활에 커다란 변화를 주었다. 우선 식생활. 다른 두 할머니와 함께 식탁에 앉는 일이 적어졌고, 혼자서 소반에 쌀을 으깨 만든 죽 같은 유동식을 먹는 상태가 되었다. 또 정장제 효과가 있는 건지, 솔잎을 믹서에 갈아 주스를 만들어, 써서 얼굴을 찡그리면서도 단숨에 들이켜는 것도 일과 중 하나가 되었다.

체력이 급격하게 떨어진 것도 행동에서 알아챌 수 있었다. 오래 앉아 있는 것이 힘든 모양인지 바로 누워 버리곤 했다. 동작도 느려졌다. 그래도 그때는 아직 차를 타고 서울 시내에서 열리는 집회에 참여할 체력은 남아 있었다.

하지만 3개월 후인 6월에 다시 방문했을 때, 강덕경의 상태는 확 변해 있었다. 항암제 치료 때문에 백발도 숱이 적어졌고 얼굴 피부 윤기도 없어졌다. 인공 항문을 단 강덕경은 동작이 훨씬 둔해졌고 복도를 기어서 이동하는 모습이 눈에 띌 정도가 되었다. 말수도 적어졌고, 주위 할머니들이 웃고 떠드는 소리가 퍼지는 가운데, 혼자 뚝 떨어져 구석에 앉아 초점 없는

멍하니 앉아 있는 강덕경(1996년 6월)

멍한 눈으로 허공을 바라보고 있는 경우가 많아졌다. 그동안 마음의 위안이 되었던 그림도 붓을 쥘 체력도 기력도 사라져 더 이상 그리지 않게 되었다. 이것이 한층 더 강덕경의 마음을 우울하게 만드는 것 같았다. 강덕경에게 남겨진 시간이 이제 길지 않다고, 나는 실감했다.

그랬던 강덕경이 2개월 후인 8월 하순에 방문했을 때 기적이라도 일어난 것처럼 건강을 되찾고 있었다. 폐암 진행이 멈춘 것 같다고 혜진 스님이 말했다. 식사도 박옥련이나 김순덕과 같이하게 되었다. 두 사람의 선배 할머니들과 농담을 주고받는 강덕경 얼굴에 웃음이 돌아왔고 말수도 많아졌다. 목소리에는 활기도 돌아왔다.

8개월 전에 쓰러진 후로 가지 못했던 일본대사관 앞 수요시위에 복귀한 것도 이 무렵이었다. 수요시위에 모인 '위안부' 피해 할머니들은 오랜만에 돌아온 강덕경을 둘러싸고 그가 회복한 것을 기뻐했다. 동지들과 재회한 강덕경의 표정은 어느 때보다 밝고 생기가 넘쳤다. 다만 체력의 쇠퇴는 숨길 수 없어서, 데모하는 30분 동안 기세를 떨치는 다른 할머니들 뒤에서 강덕경은 계속 앉아만 있었다.

폐암으로 쓰러진 후 강덕경은 일본에 가서 '위안부' 경험을 증언하는 집회나 그림 전시회에 참가하는 일도 없어졌다. 빈자리를 메우기나 하듯이 김순덕이 일본에 증언하러 가는 기회가 늘었다. 8월 하순 시코쿠(四国)에서의 증언 집회를 다녀온 김순덕은 그날 밤, 가져온 자료나 신문 기사를 보여주면서 강덕경에게 집회의 분위기며 증언에 대한 반응을 자세하게 들려주었다. 강덕경은 증언 집회를 보도한 기사나 청중이 제출한 감상문을 오랜 시간을 들여 읽었다. 그동안 몇 번이고 일본에 가서 증언했지만 강덕경은 일본인에 대한 뿌리 깊은 불신감은 떨쳐내지 못했다.

일본에 가서 내가 생각하는 것은 '일본인은 이상하다'는 것입니다. 믿을 만한 사람은 거의 없다는 느낌입니다. 지금까지 일본이 해온 일은 전부 거짓말, 거짓말, 거짓말뿐. 국민기금의 '사죄' 또한 거짓말을 하고 있는 게 아닌가 하는, 모든 것을 의심하게 돼 버립니다. 이전에 히로시마(広島)에 갔을 때 나는 그곳 신부님에게 말했습니다.

"이제 일본에 오고 싶지 않아졌어요. 당신들에게 정말 사과할 마음이 있다면 한국에 와서, 시위도 우리와 함께 해 주세요. 이제 나는 일본에 아무것도 원하는 게 없어요"라고.

우리는 몇 번이고 일본에 기대했지만 늘 배신당했으니까.

1996년 12월 초순, 내가 네 번째로 나눔의 집에 강덕경을 방문했을 때 용태는 다시 악화 일로에 있었다. 더욱이 지난 6월과는 달리 이제는 말하는 것조차 힘들어했다. 장폐색이 악화된 탓인지 심한 복통에 시달려서 하루에도 몇 번씩 김순덕이 진통제 주사를 놔주지 않으면 안 되는 상태가 되어 있었다. 다른 할머니들이나 방문객들이 담소를 나누는 구석 자리에서 통증을 꾹 참으며 정신이 빠진 것처럼 공허한 표정으로 잠자코 앉아 있던 강덕경. 더 이상 내 인터뷰에 답할 기력도 체력도 없었다. 나는 강덕경의 해방 이후의 족적을 따라가 보기 위해, 실마리가 될 만한 것을 그녀에게 직접 들어보고 싶다고 생각하고 있었다. 그러나 내 계획은 결국 실현되지 않았다. 내가 나눔의 집을 떠날 즈음에는 더 이상 몸을 일으키는 것조차 할 수 없게 되고, 고통스러운 표정으로 그저 누워만 있었다. 확실히 강덕경의 임종이 가까워지고 있었다.

내가 나눔의 집을 떠나고 2주일 후, 1월 초순에, 강덕경이 위독하다는 소식을 일본인 지인으로부터 전해 들었다. 12월 세밑의 나눔의 집에서 가진 송년회 자리에서 강덕경의 용태가 급변하여 의식불명 상태로 아산중앙병원으로 실려 갔다는 것이다.

나는 일본에서 볼일을 마무리하고 1월 24일 다섯 번째 서울행 비행기를 탔다.

집중치료실에 입원한 강덕경은 이미 한 달 반 전의 모습이 아니었다. 또 다른 장폐색 때문에 유동식조차 받아들이지 않아서, 안 그래도 30여 킬로그램밖에 되지 않았던 강덕경의 작은 체구가 한층 더 야위어 있었다. 코에서 위장까지 연결된 비위관을 통해 위장의 분비물을 정기적으로 빨아내고 있었다. 위 속 내용물이 기도로 들어가서 생긴 흡인성 폐렴과 폐암에 의한 폐 기능 저하 때문에 강덕경은 산소마스크에 의지해 겨우 호흡하고 있었다.

그렇게도 다부졌던 강덕경이 때때로 정신 상태가 안정되지 못하여 정상적인 의식을 유지 못할 때가 있었다. 의사는 장폐색에 따른 탈수 증상과 고칼슘혈증 때문이라고 설명했다. 강덕경은 몇 분에 한번 물을 달라고 했다. 하지만 입으로 마신 물도 위장이 흡수하지 못하고 즉시 비위관을 통해 되돌아 나와 버렸다.

간병은 10개월 전부터 나눔의 집에서 강덕경을 돌봐주던 여성 직원과 영화 〈낮은 목소리〉의 제작 스태프들이 24시간 교대를 유지하고 있었다.

나눔의 집 할머니들은 혜진 원장과 함께 종종 강덕경에게 문병을 왔다. 내가 병원에 가기 시작하고 나흘 후, 박옥련과 김순덕이 강덕경의 용태를 보러 왔다. 침대에 가까이 가서 김순덕이 '강덕경…' 하고 속삭이듯 불렀다. 얕은 잠이 들었던 강덕경은 눈을 떠서 김순덕과 박옥련이 있는 걸 보자 이제는 피골이 상접한 가는 손을 두 사람 쪽으로 내밀었다. 김순덕이 그 손을 맞잡고 손목을 쓰다듬었다. 뒤에 선 박옥련은 그저 가만히 강덕경을 바라보고 있었다. 사경에 이른 강덕경에게 두 사람은 나눔의 집에서

처럼 밥을 차려 주거나 주사를 놓아주거나 할 수 없었다. 그저 지켜볼 따름이었다.

죽음을 코앞에 둔 강덕경에게 김순덕이 어떻게든 꼭 해주고 싶은 것이 있었다. 강덕경 마음에 계속 걸려 했던 죽은 아들에 대한 공양이었다. 예전에 강덕경이 "성당 고아원에 아들을 맡기고 돌아서는데 '엄마, 엄마' 부르며, 울면서 떨어지려고 하지 않았던 아이의 모습이 눈에 아른거려 잊을 수 없었어. 내가 죽기 전에 아들이 편히 쉴 수 있도록 공양하고 싶어"라고 김순덕에게 자주 털어놓곤 했었다. 임종이 가까워지고 있다는 것을 깨달은 김순덕은, 강덕경을 위해서 유아용 옷을 사서 병원 밖에서 태우고, 병실에서 스님 염불로 공양을 올렸다.

김순덕이 병원에서 의사와 간호사를 감탄하게 한 일이 있었다. 딱딱해진 대변이 항문을 막아서 강덕경이 격통을 호소하며 위험에 빠진 적이 있었다. 의사나 간호사가 항문의 똥을 제거하려고 갖은 수단을 써보았으나 잘 되지 않았다. 그때 갑자기 김순덕이 "내가 해볼게요" 하고 나섰다. 김순덕은 강덕경 항문에 손가락을 넣어서 딱딱해진 대변을 천천히 긁어냈다. 이윽고 토끼 똥같이 작고 굳은 똥을 35개나 끄집어냈다. 강덕경이 김순덕에게 애원하듯이 말했다. "언니, 나 살리려고 이렇게까지 해주는데, 난 더 이상 살아갈 희망도 없고, 곧 죽을 것이니 그만 손가락을 빼세요. 부탁이에요. 손가락을 빼 주세요." 그래도 김순덕은 아무 말 없이 손가락으로 강덕경의 항문에서 대변을 긁어냈다.

마지막 사투

의식이 몽롱한 시간이 많아진 강덕경이었지만, 의사는 강덕경이 의식

이 돌아왔을 때 하는 판단이나 사고 능력은 정상으로, 발언 내용도 신뢰할
수 있다고 말했다.

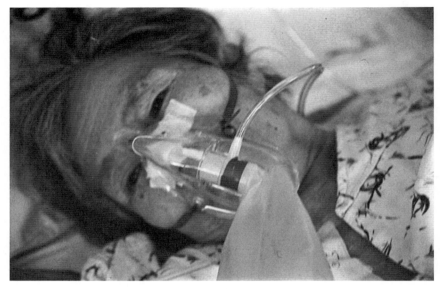

산소마스크를 쓰고 있는 강덕경(1997년 1월)

그런 강덕경이 간병인 여성에게 "일본에 갈 거니까 나눔의 집 내 방에
서 여권을 가져다주오"라고 헛소리처럼 되뇌었다. 일본에 가서 자신의 모
습을 보여주면서 호소하고 싶다는 것이다. 내가 "카메라로 찍어서 일본에
전할 테니까"라고 말하자 강덕경은 산소마스크를 입에서 떼어내고 거친
숨을 쉬면서 한국어로 내 카메라를 향해 말하기 시작했다.

> (일본에는) 가지 말자고 생각했는데, (이런 모습은) 창피하지만 보여주자는
> 생각에.

일본정부는 …… 큰 죄를 지었으니까. 벌 받을 거요.

(위로금을) 받겠다고 말한 사람들은, 안돼요.

시작했으니까 끝까지 싸우지 않으면

그렇죠?

마지막까지 싸워내지 않으면…….

흐트러진 호흡 때문에 심하게 헐떡이면서 강덕경은 몇 번이고 끊어지
는 말을 이어서 말했다. 그것은, 죽음과 싸우면서 '위안부'로 끌려간 이래
빼앗겨 온 자신의 '인간으로서의 존엄'을 되찾기 위한 최후의 장절한 싸움
에 도전하는 강덕경의 모습이었다.

김순덕은 강덕경 임종을 지켜보지는 못했다.

그날 강덕경은 오후 3시경에 숨을 거두었다고 합니다. 나는 병원에서 집
으로 돌아와 있었어요. 그랬더니 전화가 걸려 왔어요. 강덕경이 죽었다는
소식이었어요. 나는 눈앞이 캄캄해졌어요. 서둘러서 병원으로 돌아가서,
시신이 안치되어 있는 영안실로 갔습니다. 강덕경의 시신을 보자 현기증이
났어요. 나는 이미 차가워진 강덕경에게 '좋은 곳으로 가, 생전에는 고생만
했지만 저세상에 가면 천국에서 지내기를' 바란다고 기도했습니다.

그 뒤 같은 해에, 일본군'위안부' 피해자로 처음으로 증언한 김학순이 죽
었어요. 나는 동경에서 치러진 추모식에 참석했습니다. 거기서 '김학순 씨
와 강덕경이 손을 맞잡고 걱정 근심 없는 천국에서 편하게 지내기를' 기도
하자 현기증이 나서 그대로 주저앉고 말았습니다.

강덕경의 1주기가 되는 1998년 2월 2일, 예전에 강덕경이 살았던 나
눔의 집 2호관 앞에 위령비가 건립되었다. 그 비석 뒤에는 강덕경에게 바

치는 김순덕의 이런 말이 적혀있다.

　　　　　줄곧 같이 살았으면서 아무것도 하지 못해서 미안해

사망 직전에 강덕경은 가장 신뢰하는 김순덕에게 유언을 남겼다.

　　강덕경은 나에게 "모든 것을 언니에게 맡기고 나는 갑니다"라고 말했습니다. 그 후 나는 병원을 나와 집으로 갔습니다만 머지않아 강덕경은 숨을 거두고 말았지요. 강덕경은 평소에 일본정부의 사죄와 배상, 그리고 진상규명, 또 죽어간 여자들을 위해 위령비 세우는 것 등을 요구해 왔습니다. 강덕경은 그것들을 끝까지 해낼 것을 나에게 맡긴다고 말한 거예요. 그런데 나는 그 어느 하나도 해내지 못하고 있어요. 그걸 강덕경에게 사과하고 싶었어요.

죽기 반년 전인 1996년 8월, 소강상태에 있던 강덕경에게 나는 "회복되면 무얼 하고 싶으세요?"라고 물었다. 그러자 강덕경은 잠시 생각하고서 일본어로 이렇게 답했다.

　　낙서 같은 그림이라도 좋으니 죽을 때까지 그림을 그리고 싶어. 지금은 일본이 진실을 말하지 않으니까 그런 주제로 그리고 싶어. 또 도야마의 공장에서 도망갔을 때의 일도 그리고 싶어. 그리고 싶은 건 엄청 많지만, 어려워서(웃음). 지금은 그림을 그릴 힘은 없지만, 다음 달이 되면…….

그러나 강덕경이 '그리고 싶다'고 말한 그림들은 시작도 하지 못했다. 내가 병원을 떠나고 5일 후인 2월 2일 오후 3시 10분, 강덕경은 이 세상을 떠났다.

김순덕, 강덕경의 추모비 앞에서(1998년 5월)

| 후기

2012년 6월, 도쿄 신주쿠(新宿) 니콘 살롱에서 '겹겹—중국에 남겨진 조선인 일본군'위안부' 피해 여성들'이라는 사진전이 개최되었다. 한국인 사진가 안세홍 작가가 2001년부터 여러 차례 중국에 가서 촬영한 사진이다. 니콘 살롱 측은 사진전 개최를 결정해 놓고, 일부 세력의 메일이나 전화 항의에 굴복하여 중지를 통보했다. 안 작가는 이에 굴하지 않고, 도쿄지방재판소에 개최를 요구하는 가처분 신청을 냈다. 그리고 6월 22일 도쿄지방재판소는 니콘 측에 사진전을 위한 전시장 제공을 명령하는 가처분 결정을 내렸고 그렇게 가까스로 실현된 사진전이었다.

일본의 전쟁 가해 역사를 부정하는 세력이 '역사의 날조'라며 일본군'위안부' 사진전에 항의 행동을 할 것이라는 것은 쉽게 예상할 수 있었다. 오히려 의외였던 것은 니콘 측의 반응이었다.

안 작가의 이의제기에 대해 니콘 측은 사진전의 응모 조건으로 "정치성이 부가되지 않을 것 역시 조건이 된다"고 답했다. 그리고 그 '정치성'에 관해서 "본래 자유여야 하는, 사진이 전하는 '있는 그대로'의 영상에서, 관람객이 느끼는 가치관, 이미지를, 일정 방향으로 가져가려고 하는 '정치활동' 등 의도적으로 영향을 주려는 작용을 말한다. 니콘 살롱은 그러한

'정치 활동'의 장이 되는 것을 목적으로 하지 않는다"고 설명하였다.

우리는 저널리스트가 어떤 현실이나 사상(事像)을 도려내서, '있는 그대로'의 사진이나 영상, 문자 표현으로 전한다고 할 때, 어디를 어떻게 도려낼까를 판단하는 단계에서, 반드시 촬영자, 필자가 전하고 싶은 메시지, 주장이 있다. 메시지나 주장이 없다면 전할 필요도 없으니까. 만일 그것을 "일정 방향으로 끌어가려는 '정치 활동'"이라고 말한다면, 저널리즘은 틀림없이 '정치 활동'이다. "니콘 살롱은 그러한 '정치 활동'의 장이 되는 것을 목적으로 하지 않는다"고 하는 것은, 포토 저널리즘에 관한 사진은 일절 취급하지 않겠다는 선언이다. 니콘 측은 응모 조건으로 '사진 문화의 향상을 목적'으로 한다고 하였다. 그러므로 '사진 문화'에서 포토 저널리즘을 제외한다는 말이 된다. 전쟁이나 재해, 기아 등 지금까지 세계에서 발생한 다양한 사건에 대해 목숨 걸고 니콘 카메라로 찍어, 세상에 전하고 호소해온 포토 저널리스트들은 니콘 측의 선언을 과연 어떻게 들었을까.

나는 사진 전시장에서, 사진들에 대한 생각을 적어놓은 안 작가의 문장에 얼어붙었다.[1]

> 사진 속에서 진실을 찾아 가는 것만큼 어려우면서도 즐거운 일은 없다. 보여지는 진실이 아니라 내면의 진실을 사진에 담기 위해 대상과 인연을 만들어 나간다.
>
> 할머니들과 인연 또한 우연이 아니다. 그 동안 많은 시간을 한국 내 할머니들과 함께 하며 운이 좋게도 가슴 속 깊은 곳까지도 엿볼 수 있는 기회를 갖기도 했다. 처음에는 낯가림이 심하던 할머니들과도 잦은 만남을 통해 가까워질 수 있었고 어느새 이해할 수 있게 되었다.

---

1 사진전 겹겹의 〈중국에 남겨진 조선인 일본군 '위안부' 할머니들〉이라는 제목의 한국어 전시 서문 전문을 안세홍 작가가 흔쾌히 제공해 주었다. 이 자리를 빌려 감사 말씀 전한다.

2001년부터, 중국에서 귀국하지 못하고 그곳에 살고 계신 할머니들을 만나면서, 그들의 더 깊은 내면까지 이해하는 또 하나의 계기가 되었다. 할머니 한 분 한 분을 기차로, 버스로, 배로, 혹은 발품을 팔아 찾아다니는 길이 할머니가 겪었던 과거의 삶 일부나마 더듬어 보게 했다. 나라 없이 떠도는 할머니들의 비참한 실정은 과거의 삶을 그대로 연장시키고 있는 듯 했다. 이러한 현실들이 나로 하여금 할머니들을 찾아 다섯 번에 걸쳐 중국으로 발길을 향하게 했다.

할머니들과 보내는 시간 속에서, 살아 있는 진실을 순간 순간의 사진 한 장으로 포착한다는 것은 극도의 긴장을 요구했다. 이미 할머니들과 울고 웃는 속에서 내 마음 깊이 그들이 자리 잡고 있었다. 그러나 사진기의 파인더를 바라보는 순간, 자유로이 대상과 경계를 넘나드는 것이 쉽지는 않았다. 인간적인 면과 '일본군 위안부' 피해자라는 피사체로서 아슬아슬한 경계를 팽팽하게 인식하며 그들의 진실을 사진에 담으려 했다.

파인더 속의 할머니는 한 사람의 인간 그 자체였다. 깊이 패인 주름에서, 사방에 널브러진 손때 묻은 물건에서, 할머니의 한 맺힌 가슴을 보았다. 모든 것이 할머니의 과거와 현재에 이르는 삶을 여실히 보여주었다.

이미 할머니들은 척박한 땅에 뿌리를 내리고 홀로서기라는 사투가 시작된 지 60~70여 년의 세월이 흘렀다. 낯선 이국의 비바람 속에서 주어진 환경을 극복하는 한 맺힌 생명력만을 가질 뿐이다.

그들은 또다시 어디로 가야 할까. 그저 찬바람에 실려 역사의 뒤안길로 흩어지고 말 것인가.

안 세홍

'전달자'로서 대상과 어떻게 마주할 것인가, 대상과 현장에서 무엇을 읽어내고 느낄 것인가, 그것을 사진이나 영상으로 어떻게 찍을 것인가 – 영상 저널리스트로서, 아니 영상에 국한하지 않고 저널리스트로서의 '자세'를 묻는 심도한 문장이다.

이러한 생각과 뜻으로 찍은 사진이어서인지 안 작가는 할머니들의 모습과 존재를 일본인에게 어떻게 해서든 전하고 싶었을 것이다. "무슨 수를 써서라도 전해야 한다. 그것이 할머니들이 내게 맡긴 사진가로서의 책무다"라는 강한 결의가 있었기에 안 작가는 그간의 일부 우익 세력에 의한 방해 행위, 협박, 니콘 측의 사진전 중지 선언이라는 갖가지 장애에도 기죽지 않고 의연하게 맞서서 사진전 개최를 성사시켰을 것이다.

안 작가는 '선천성 내반족'이라는 장애가 있어 지금껏 몇 번인가 수술을 했다. 걸을 때도 발을 끌 듯이 걷는다. 그러한 안 작가가 사진 전시장에서 계속 서서 입장객에 대응하고 있었다.

"힘드실 텐데 앉는 게 어때요?" 나는 안 작가에게 말을 걸었다. 그러면 그는 언제나처럼 온화한 미소로 이렇게 말했다.

"사진전이 시작돼 기뻐서, 괜찮아요."

일본어도 자유롭지 않은 한국인인 그가 혼자서, 이국 땅 일본에서, 일본인이래도 찌부러져버릴 것 같은 압력에 맞서 이겨서 힘겹게 실현시킨 사진전. 그동안의 안 작가의 불안과 공포, 갈등은 우리들이 상상도 할 수 없을 만큼 컸을 것임에 틀림없다. 그럼에도 그는 온화하게 "기뻐서, 괜찮아요"라며 미소 짓는다. 나는 가슴이 뜨거워져서 눈물을 흘릴 뻔했다.

원래라면 '가해자'인 일본인이 했어야 하는 일이었다. 그것을 이런저런 곤경을 이겨내고 성사시킨 한국인 사진가가 일본에서 우익 세력의 방해나 협박에 노출되어, 사진전 중지 직전까지 갔다. 만일 이를 간과한다면 일본인으로서 부끄러운 일이다.

니콘 살롱에서 사진전을 열 수 있는 것은 사진가, 포토 저널리스트에게 영예로운 일이며 업적이 된다고 들었다. 또한 이름이 알려진 사진가 중에는 니콘 측으로부터 다양한 지원이나 보수를 받은 사람들도 있다고 한다. 그런 사진가들, 포토 저널리스트들에게 니콘을 공공연하게 이의제기하는 것은, 지금까지 또 장래의 지원·혜택의 가능성까지도 잃게 되는 것이 될 수도 있다. 그래서 개인으로서도 단체로서도 니콘 측의 이번 대응에 공적 비판은 상당한 각오가 필요하리라. 그러나 사진의 '정치성'을 부정하는 니콘 측의 주장은 '포토 저널리스트의 부정'이 될 수도 있다. 게다가 어떻게 대응하고 행동할 것인가, 포토 저널리스트 개개인에게 본연의 자세가 무엇인지 묻고 있다.

그렇기 때문에 더욱, 그간의 모리즈미 타카시(森住卓) 씨를 비롯한 일부 사진가, 저널리스트들의 대응에 감동하였다. 모리즈미 씨는 미에 현(三重県)에서 열린 안 작가의 사진전과 강연이 일부 세력에게 방해받을지도 모른다고 염려해서 현지로 날아갔다. 또한 그는 안 작가의 기자회견에도 함께 해서 아사히신문의 취재에도 당당하게 실명으로 코멘트하였다. "표현의 자유가 위협받고 있는데, 돈 수백만 원 때문에 영혼을 팔 수 있겠나!"라고, 모리즈미 씨는 말했다.

안세홍 작가 사진전을 둘러싸고 이러한 움직임이 있는 가운데, 나도 자신을 돌아 보았다. 예전에 한국의 나눔의 집에서 일본군'위안부' 피해자 할머니들을 2년에 걸쳐 취재하고 90년대에 NHK에서 다큐멘터리 프로그램을 제작하였다. 2006년에는 나눔의 집에서 일한 양국의 젊은이들과의 합숙과 토론을 다룬 다큐멘터리를, 한 민간방송국 뉴스 프로그램에서 방영하였다. 그러나 나와 그 방송은 인터넷과 일부 우익 세력에 의해 격렬한 공격을 당했다. "일본에서 전하는 전쟁 체험에서는 '피해자' 얼굴은 강조되지만, '가해자' 얼굴은 좀체로 전달하기 어렵다. 이 다큐멘터리는 그러한 일본의 가해의 한 측면을 전달하려는 것이기도 하다"는 취지의, 내 방송

프로그램 소개글이 인터넷에 올라온 것이 한층 불에 기름을 부운 격이 되었던 것 같다.

그래서 안 작가의 니콘 살롱 문제는 남의 일이 아니다. 하물며 안 작가는 말도 모르는 외국에서, 더군다나 일본군'위안부'문제에 대한 '가해국' 한 가운데서 혼자 싸우지 않으면 안 된다. 이러한 안 작가에 비하면 나는 아직 안전하고 유리한 입장에 있지만, 그럼에도 그의 모습에 나는, 오래전의 나를 중첩시키고 또 앞으로의 나를 생각하지 않을 수 없다. "너는 예전에 '위안부' 피해자 할머니들에 관계했던 저널리스트로서, 앞으로 이 문제와 어떻게 마주할 것이냐?"고 안 작가와 사진이 묻고 있는 것만 같았다.

**

2014년 5월 19일 텔레비전 아사히(テレビ朝日)의 '보도 스테이션'은 후루다치 이치로우(古舘伊知郎) 캐스터가 독일 베를린 시에 있는 '학살당한 유럽의 유대인을 위한 기념비'를 방문한 장면을 방영하였다. 방대한 숫자의, 사람 키를 훨씬 넘는 추도비들. 이곳을 연간 50만 명이 찾아온다고 한다. 대부분은 국내의 독일 사람들일 것이다. 또한 후루다치 씨는 베를린 시가지를 걸어 예전에 유대인이 살았던 집 앞 노면에 묻혀 있는 '걸림돌' 동판을 가리켰다. 거기에는 예전에 강제수용소에 보내진 그 집의 가족 전원의 이름이 당시의 연령과 함께 새겨져 있다. 나아가 장면은 '푸른 숲'이라고 불리는 시내 역으로 바뀐다. 이제는 더 이상 사용되지 않는 17번 승강장에서 후루다치 씨는 몸을 숙여서 승강장 철판에 새겨진 문자를 소리 내서 읽었다.

"1943년 3월 1일 1,736명", "3월 2일 1,758명", "3월 3일 1,732명"이 여기서 아우슈비츠로 보내졌다.

독일은 자국의 가해의 역사를 이처럼 남겨 전하고 있다. 그 사실에 나는 충격을 받았다. 일본과는 하늘과 땅만큼의 차이에 아연실색하였다.

일본에는 히로시마와 나가사키에 평화기념비, 그리고 미군 대공습에 의한 피해자를 애도하는 기념비가 각지에 많이 있지만, 자국의 가해 역사를 새긴 기념비를 나는 본 적이 없다. 그뿐 아니라 일본군'위안부'문제나 '남경사건'에 상징되는 일본의 가해 역사를 활자나 영상으로 표현할라치면 '자학사관에 빠진 자', '배신자', '비국민(非国民)'이라고 비난받고, 매스컴도 이들 문제를 보도하는 것을 금기시한다. 의무교육 교과서에서도 서술이 거의 사라졌다.

자국의 가해 역사와 마주하는 자세가 독일과 일본은 왜 이렇게나 다른가.

나는, '가해 책임'의 소재나 주체를 밝히지 않고 애매하게 놔두는 일본인과 일본 사회의 '체질'과 무관하지 않은 것 같다. 아시아 민중까지 합하면 수천만 명의 희생을 낸 일본에 의한 '이전 전쟁'의 책임 소재도 애매한 채로 있다. 왜일까.

사회학자 고구마 에이지(小熊英二)의 저서 『〈민주〉와 〈애국〉 - 전후 일본의 내셔널리즘과 공공성』(신요샤[新曜社], 2002)에 나오는, 격침된 전함 무사시(武蔵) 승무원이었던 해군 소년병 와타나베 기요시(渡辺清) 일기에서 나는 지금의 '개인의 책임을 묻지 않는 일본사회'의 체질 중, 한 요인을 보는 것 같았다. 그것은 다음과 같은 와타나베 일기의 문장에 있다.

> 그렇다하더라도 한심한 것은, 저 정도로 파멸적인 대전을 치렀으면서 '그것을 계획한 책임자는 나다'라고 말하는 자가 이제껏 한 명도 없다는 것이다. ……여하튼 잘난 사람만큼 남을 향해 도의의 중요성을 설파하지 않

는 사람도 없지만, 막상 내 일이 되면 불감증 상태는 마치 백치와 같다. 진짜 심한 얘기다.

허나 무서운 것은 이것이 국민에게 끼치는 심리적인 영향일 것이다. 특히 천황의 태도는, "천황조차 책임자로서 책임 지지 않고 지나가니까 우리들이야 뭘 해도 책임 같은 거 질 필요가 없지"와 같은, 가공할 도의의 쇠퇴를 초래하는 것은 아닌가. 다시 말해 온 나라가 "천황을 보고 배워라" 식이 되어버린 것은 아닌가. 나는 그런 예감이 들지 않을 수 없다.

전쟁 말기, 약 4,000명의 젊은 병사들을 죽음으로 몰아넣은 '특공대'도, 그것을 기획하고 명령한 군 상층부는 전후에도 처벌받은 적 없이 살아남았다. 중국 동북부에서 수많은 중국 민간인을 인체실험으로 살해한 731부대 책임자 이시이 시로(石井四郎) 등은 전후 그 '실험 결과'를 미군에 팔아넘기는 것으로 면죄부를 받았다. 책임자 개인이 책임에서 빠져나가고, 그 책임 소재를 조직이나 국민 전체에게 돌리기만 하고(예를 들어 패전 직후, 위정자의 책임 은폐를 위해 정착한 '일억총참회'와 같이), 급기야는 그 책임 자체를 없었던 걸로 해버리는 경향은, 무엇보다 전중·전후, 어느새 일본사회의 '체질'까지 된 것은 아닌가 하고 생각할 정도다.

대조적인 것은 똑같이 제2차 세계대전 패전국 독일의 경우다. 전후 나치에 관여했던 인물이나 조직은 부정되었고 처벌되든가 소멸시켜 갔다. 국기도 바뀌고 나치와 그 과거 역사를 상찬하는 자와 조직은 독일 사회에서 소외되고 규탄 받는다고 들었다. 한편 일본에서는 전전의 정계·재계 체제와 이를 담당해온 사람들이 전후도 권세를 휘두르고 에이(A)급 전범이 전후 수상까지 되었다.

일본과 독일의 이러한 차이는 어디에서 오는가. 기독교적인 윤리관의 유무에서 비롯된 것인가, 문화나 역사의 차이에 의한 것인가. 아니면 훨씬 전부터 일본의 풍토나 풍습, 역사에 기인하는 훨씬 뿌리 깊은 "개인의 책임을 묻지 않는" '체질'이 길러져 왔던 것일까. 예를 들어 "좁은 장소에 많은 사람이 복작거리며 사는 일본사회에서는 '화(和)'가 존중받아서, '개인의 책임'을 추궁하면 '화'가 깨지기 때문에, '책임' 소재를 흐리게 해서 둥글게 얼버무리는 것이 미덕이라고 해왔다"고 하는 것처럼 말이다.

책임의 소재와 주체를 애매하게 하는 일본의 '체질'을 다시 한번 인식하게 한 것은 2011년의 도쿄전력 후쿠시마(福島) 제1원자력 발전소 사고였다. '조직의 책임'이라는 방패 뒤에 숨어 각 책임자 개개인의 죄가 폭로되지 않고 추궁 받지 않는 구조와 체질은 무엇 하나 바뀌지 않았던 것이다.

2014년 여름 시점에서도 십수만 명의 후쿠시마 현민이 고향에서 쫓겨나서 집도 땅도 자산도 생업까지도 잃고, 가족은 각각 흩어지고, 장래에 대한 불안, 가족 건강에 대한 불안, 경제적으로 불안한 나날을 보내고 있다. 이 사고에 따른 관련 사망자 수는 사고로부터 3년 반이 지난 때 1,100명을 넘었다.(『도쿄신문』, 2014. 9. 11.자)

그러나 그 책임을 따질 때, '국가의 책임', '도쿄전력의 책임'이라는 식으로 조직의 책임에 대해서는 언급되지만, 그 책임을 질 구체적인 개개인은 누구도 추궁당하지 않고 처벌도 받지 않았다. 예를 들어 국가라면, 당시의 간 나오토(菅直人) 수상, 에다노 유키오(枝野幸男) 관방장관, 통산 대신이었던 가이에다 반리(海江田万里), 그리고 유책 관청의 관료들. 도쿄전력이라면 가츠마타 츠네히사(勝俣恒久) 도쿄전력 전 회장, 시미즈 마사타카(清水正孝) 전 사장, 무토 사카에(武藤栄) 도쿄전력 전 부사장들이고, '전문가 조직'으로 말하자면 전 원자력 안전 위원장 마다라메 하루키(班目春樹) 등이다.

그들은 '국가 책임', '도쿄전력의 책임', '전문가 조직의 책임', '원자력 마피아 책임'이라는 말에 숨어 개인으로서의 책임을 면제받아 처벌받는 일이 전혀 없이, 지금도 '정치가'로서, 또는 '낙하산 기업' 간부로서 평온한 생활을 보내고 있다. 그들이 일으킨 원자력 발전소 사고 때문에 십수만 명의 후쿠시마 현민은 4년이 지나도록 여전히 고통 받고 괴로워하고 있는데도 말이다.

***

자국의 가해역사와 마주하기 어렵게 만드는, 또 하나의 요인으로 내가 생각하는 것은, '피해자 의식'의 강조이다.

나 자신, 피해자 의식이 가해의 역사나 현실을 보기 어렵게 만드는 실제 사례를, 오랫동안 취재해 온 이스라엘·팔레스타인 현장에서 목격한 적이 있다. 점령지에서 발생하는 이스라엘에 의한 팔레스타인 주민에 대한 억압의 현상에 대해서 나는 이스라엘 시민에게 이렇게 물은 적이 있다.

"당신들 유대인은 나치의 홀로코스트 박해를 받았음에도 왜 팔레스타인 사람을 그렇게 억압할 수 있나?"

그러자 그 이스라엘 사람이 내게 말했다.

"당신은 홀로코스트의 공포를 정말로 알고 있는가? 왜 팔레스타인 점령과 홀로코스트의 고난을 동급으로 취급하는가. 그 둘은 전혀 다른 차원의 이야기다."

그에 의하면 "유대인은 두 번 다시 홀로코스트와 같은 상황에 처하지 않기 위해 이스라엘을 건국하였다. 이스라엘은 22개 아랍 국가에 둘러 싸여 있는 위협적인 상황에서 살아남기 위해, 다소의 폭력이나 희생, 점령은 어쩔 수 없다"고 하였다.

구미 매스컴에서도 팔레스타인에서의 이스라엘 점령 실태를 전하는 것은 흔한 일이다. 그런데 한편, 그러한 보도를 상쇄시키기라도 하듯이 홀로코스트의 역사가 되풀이 보도되니, 당시 홀로코스트를 간과했던 구미사람들의 떳떳하지 못한 마음, 죄악감을 불러일으킨다. 내게는 이런 것이 과거의 '피해'로 현재의 '가해'를 덮어 은폐하려고 하려는 것처럼 보이지 않을 수 없다.

내가 일본인의 '피해자 의식'과 '가해자 의식' 문제를 생각하면, 이와 닮았다는 생각을 하게 된다. 전후 일본의 '평화'관은 히로시마·나가사키, 도쿄 대공습 등에 상징되는 것처럼 '피해'와 '피해자 의식'에 근거하고 있다고들 한다. 확실히 평화운동의 상징적인 슬로건으로서 '노 모어 히로시마, 노 모어 나가사키'를 열심히 외친다. 그러나 한편으로 평화를 구하는 슬로건에서 '노 모어 난징'이라는 목소리를 나는 들은 적이 없다. 어느 정치학자는 일반 국민에게는 "전쟁책임은 '일부 군부'에게 있고, 그에 따른 고난을 강요당한 자신들은 '피해자'다. 그러니까 전쟁책임 따위 없다"는 의식이 있다고 지적한다. 다시 말해 피해자 의식을 가짐으로써 과거에 '일부 군부'에게 지휘 받았다고 해도, 오히려 전쟁의 길로 나아가는 '사회 분위기' 만들기에 적극적으로 가담했던 자신들의 책임, 아시아에서 병사로서, 스스로 가해를 범한 책임에 눈을 돌리고 마는 것이다.

덧붙여 말하면, 전후 일본인이 평화·핵 폐기 운동의 상징으로서 '히로시마·나가사키'라는 피해 경험을 강조하는 것에 의해, 무의식이라고는 해도, 결과적으로는, 일본의 가해 역사를 보이지 않게 한 일면이 있는 것은 아닐까. 그 이스라엘 사람이 홀로코스트를 강조하는 것으로 팔레스타인에 대한 억압을 '면죄'해 버리는 것처럼.

그러한 '히로시마'의 모습에 경종을 울린 것이 히로시마의 시인 구리하라 사다코(栗原貞子)다. 구리하라의 대표작 중에 하나인 '히로시마라고 할 때'에서 이렇게 쓰고 있다.

〈히로시마〉라고 할 때

〈아아 히로시마〉라고

상냥하게 대답해 줄까

〈히로시마〉 하면 〈펄 하버〉

〈히로시마〉 하면 〈난징학살〉

〈히로시마〉 하면 여자나 어린아이를

구덩이 안에 가두고

가솔린을 끼얹어 태운 마닐라 화형

〈히로시마〉 하면

피와 불꽃의 메아리가 되돌아오는 것이다

〈히로시마〉 하면

〈아아 히로시마〉라고 상냥하게는

돌아오지 않는다

아시아 각국의 사자들이나 무고한 민중이

한꺼번에 당한 일의 분노를

터뜨리는 것이다

(후략)

＊＊＊

일본과 마찬가지로 과거 침략전쟁의 역사를 가진 패전국 독일은 '피해'와 '가해'의 문제를 어떻게 마주해 온 것일까.

독일의 베르너 베르크만(반 유대주의 연구소 교수)는 그 변천을 이렇게 분석한다.

"1945년부터 50년대를 거쳐 독일의 서민은 자신들을 전쟁 피해자라고 생각하고 있었습니다. (구 소련 등 연합국 측에 억류되었던) 포로, 전쟁 재해 피해자, 추방 문제가 있었기 때문입니다."

"그것이 변한 건 50년대부터 60년대에 걸쳐서입니다. (아르헨티나에 숨어 살던 나치 고위관리를 이스라엘이 납치해서 자국에서 재판한) 아이히만 재판이나 (홀로코스트 실행 책임자를 재판한) 아우슈비츠 재판이 진행되면서부터, 특히 유대인에 대한 가해 책임이 전면에 나오기 시작했습니다."

그리고 지금, 독일에서 또다시 피해 역사와 관련해서 목소리가 높아지고 있는 것에 관해 베르크만 교수는 이렇게 설명하고 있다.

"피해에 대해 말하는 사람들의 주장을 잘 들어보면, 자신들의 피해에 관해 얘기할 때 반드시 가해에 대해서도 말하고 있습니다. 그런 다음, 자신들의 피해를 이야기하고, 전쟁에서 죽은 병사도 추모해야 한다는 목소리를 내고 있습니다."

덧붙여 "피해를 입은 것으로 가해가 상쇄되는 것인가"라는 질문에 대해서 "가해와 피해는 비교할 수 있는 것이 아니라고 생각합니다"라고 교수는 대답하였다.

"현재 독일에서 벌어지고 있는 일을 이해하기 위해서, 철도 레일이 있다고 상정해 봅시다. 한 쪽 레일은 가해 책임의 선로이고, 또 한쪽 레일은 피해자 문제의 선로입니다. (피해에 관한 목소리가 커지면서 동시에) 가해 책임에 대해서도 상당히 확장되고 있습니다."(「'과거의 극복'과 애국심(「過去の克服」と愛国心)」, 아사히선서(朝日選書), 2007.)

독일의 가해 역사와 마주하는 방식을 상징하는 것이 독일 패전 40주년에 해당하는 1985년 5월 8일에 거행된 바이체커 대통령(당시)의 연설이다. '황야 40년'이라는 제목의 연설은 역사에 길이 남을 명연설로 지금까지도

회자되고 있다.

그중에 바이체커 대통령은 자국의 가해책임에 대해서 이렇게 말하고 있다.

"죄의 유무, 늙고 젊고를 떠나서 우리들 모두가 과거를 받아들이지 않으면 안 됩니다. 모두가 과거로부터의 귀결과 연관되어 있어 과거에 대한 책임을 져야 하는 것입니다."

"문제는 과거를 극복하는 것이 아닙니다. 그러한 일이 가능할 리 없습니다. 훗날이 되어 과거를 바꾸거나 일어나지 않은 일로 만들 수는 없습니다. 그러나 과거에 눈을 감는 자는 결국 현재도 제대로 볼 수 없게 됩니다. 비인간적인 행위를 마음에 새기려 하지 않는 자는 다시 그와 같은 위험에 빠지기 쉽습니다."

"타인의 무거운 짐에 눈떠 항상 서로 함께 이 무거운 짐을 나눠지고 잊어버리지 않도록 하는, 인간으로서의 힘을 시험당하고 있는 것입니다. 또한 그러한 과제에서 평화에 대한 능력, 그리고 내외(內外)와의 마음으로부터의 화해에 대한 각오를 키워가지 않으면 안 되었던 것입니다. 이것이야말로 타인으로부터 요구되어진 것일 뿐만 아니라 우리들 자신이 충심으로 바라고 있던 것이기도 합니다."

"우리들 안에서는 새로운 세대가 정치 책임을 감당할 만큼 성장해 왔습니다. 젊은이들에게 예전에 일어난 일에 대한 책임은 없습니다. 그러나 (그 후의) 역사 속 사건에서 발생해온 것에 대해서는 책임이 있습니다.

우리들 연장자는 젊은이에 대해 꿈을 실현할 의무는 없습니다. 우리들의 의무는 성실함입니다. 마음에 끊임없이 새기는 것이 더없이 중요한 것은 왜인가, 이 점을 젊은이들이 이해할 수 있도록 도와주지 않으면 안 됩니다. 유토피아적인 구제론으로 도피하거나 도덕적으로 오만불손해지거나 하지 않게, 역사의 진실을 냉정하고도 공평하게 직시하는 것이 가능하도

록, 젊은이들을 돕고 싶다고 생각하고 있습니다."(나가이 기요히코[永井淸彦] 역,
『광야 40년 - 바이체커 연설 전문 1985년 5월 8일』, 이와나미북크렛[岩波ブックレット], 1986)

바이체커 연설은 똑같이 침략전쟁의 가해 역사를 지닌 우리 일본인에게 스스로의 모습을 돌아볼 것을 재촉한다.

우리들 모두가 자국의 과거를 인정하고, 책임지도록 되어 있는 것. 예를 들어 과거에 직접 연관되어 있지 않은 젊은 세대도 (그 후의) 역사 속에서 과거에 벌어진 일에서 파생한 일들에 대해 책임이 있다는 것. "(자국의) 과거에 눈감는 자는 결국 현재도 제대로 볼 수 없게 되"어 버리는 것. 그것은 우리들 일본인에게도 해당되는 경고의 말이다.

현재의 일본에서는 자국의 가해 역사 즉 '부(負)의 역사'를 부정하고 기억과 기록에서 지워버리고 '빛나는 과거'를 모아놓은 '역사'를 교육 현장에서 널리 가르치며, "조국을 자랑스러워하라" "애국심을 가져라"고 강요하는 경향이 나날이 강해지고 있다. 그러나 부모가 자식을 사랑할 때, 그 아이의 '좋은 부분'만이 아니라 '나쁜 부분'도 통째로 받아들이고 사랑하는 것처럼, 진정한 '애국심'에는 자국의 '빛나는 역사'만이 아니라 '부의 역사'까지도 받아들여, 져야 할 책임을 감당할 각오가 필요할 것이다. 그러한 각오가 없으면 안이하게 '애국심'을 부르짖어서는 안 된다고 나는 생각한다.

지금, 우리들 일본인은 자신이 피해를 가한 타자의 '고통'에 대해서 '상상력'을 가지고 있을까. 바이체커가 말한 것처럼 "타인의 무거운 짐에 눈떠 항상 서로 함께 이 무거운 짐을 나눠지고 잊어버리지 않도록" 하고 있을까. 지금 우리들은 "인간으로서의 힘을 시험당하고 있"는 것이다.

***

이 책의 일부는 1998년 8월에 방영된 특집 〈전쟁·마음의 상처에 대한

기억(戰爭·心の傷の記憶)〉 프로그램 제작을 위한 예비 취재 및 NHK 취재반과의 공동 취재에 의해 탄생했다. 방송 프로그램 기획자이자 디렉터인 나나사와 키요시(七沢潔) 씨로부터 취재 과정에서 상당한 가르침을 받았다. 방송 제작과 취재 기회를 만들어 주신 나나사와 씨가 없었다면 이 책도 집필되지 못했을지도 모른다. 마음 깊이 감사를 전하고 싶다.

또한 20년 가까이 책장에서 잠자고 있던 원고의 출간을 위해 힘써주신, 퇴고에 힘을 보태주신 오오츠키서점(大月書店)의 니시 히로타카(西浩孝) 씨에게도 깊은 감사를 드리고 싶다.

이 책의 출판은 누구보다도 먼저 고 강덕경 씨에게 보고하고 싶었다. "내가 숨기고 있던 그런 것까지 쓰고…"라며 강덕경 씨는 얼굴을 찌푸리고 화를 낼지도 모르겠다. 그러나 강덕경 씨를 몽땅 전하는 것이야말로 강덕경이라는 한 사람의 여성의 '살아있었다는 증좌'를 후대에 남기는 것이라고 나는 믿고 있다. 그것이 임종 직전에 내 카메라에 '유언'으로 남기고 세상을 떠난 강덕경 씨가 내게 맡긴, 저널리스트로서의 나의 책무라고 생각한다.

2015년 3월

도이 도시쿠니(土井敏邦)

지은이

도이 도시쿠니(土井敏邦)

1953년 사가현(佐賀県) 출생. 저널리스트

- ■ 작품활동(다큐멘터리 영상)

  〈침묵을 깨다(沈黙を破る)〉(2009.5)

  〈이국에 살다 – 일본에 사는 버마인(異国に生きる―日本の中のビルマ人―)〉(2013.5)

  〈이이타테무라 – 방사능과 귀촌(飯舘村―放射能と帰村―)〉(2013.7)

  〈'기억'과 함께 산다("記憶"と生きる)〉(2015.8)

  〈후쿠시마는 말한다(福島は語る)〉(2019.3)

  〈애국의 고백 – 침묵을 깨다 파트2(愛国の告白―沈黙を破る・Part 2 ―)〉(2022.11)

- ■ 저서

  『점령과 민중 – 팔레스타인(占領と民衆―パレスチナ)』(반세이샤[晩聲社], 1988)

  『미국의 유대인(アメリカのユダヤ人)』(이와나미서점[岩波書店], 1991)

  『미국의 팔레스타인인(アメリカのパレスチナ人)』(스즈사와서점[すずさわ書店], 1991)

  『'화평합의'와 팔레스타인(「和平合意」とパレスチナ)』(아사히신문사[朝日新聞社], 1995)

  『팔레스타인의 목소리, 이스라엘의 목소리(パレスチナの声、イスラエルの声)』(이와나미서점, 2004)

  『침묵을 깨다(沈黙を破る)』(이와나미서점, 2008)

  『'기억'과 살다―여자근로정신대와 일본군'위안부' 피해 생존자 강덕경의 일생("記憶"と生きる―元「慰安婦」姜徳景の生涯)』(오오츠키서점[大月書店], 2015)

- ■ 수상 경력

  제9회 이시바시 탄잔 기념 와세다 저널리즘(石橋湛山記念早稲田ジャーナリズム) 대상(공공봉사부문) 수상
    - 다큐멘터리 영상 시리즈 〈닿지 않는 목소리 – 팔레스타인·점령과 살아가는 사람들(届かぬ声―パレスチナ·占領と生きる人びと)〉의 제4부 〈침묵을 깨다(沈黙を破る)〉로 수상

  문화청(文化庁) 문화기록영화우수상 수상

옮긴이

윤명숙(尹明淑)

역사학자

1991년 9월 30일 서울에서 김학순 일본군'위안부' 피해 생존자를 만나 연구 인생이 크게 바뀌었다. 이를 계기로 석사과정에 진학한 그 해, 연구 주제를 독립운동사(근우회, 여성 사회주의자)에서 일본군위안소제도 및 조선인 군'위안부'문제로 바꾼 이래 꾸준히 관련 연구를 하고 있다. 이외에 최근 관심사는 건강한 노년, 행복한 여생, 여성노인과 인지증('치매'), 노인 인권과 노인 존중 등과 관련된 주제들이다.

· 도쿄외국어대학(東京外国語大学) 일본어학과, 사이버한국외국어대학 한국어학과 졸업
· 히토츠바시대학(一橋大学) 대학원 사회학연구과 석사 및 박사 과정 졸업
  – 「일본의 군대위안소제도 및 조선인 군대위안부 형성에 관한 연구(日本の軍隊慰安所制度及び朝鮮人軍隊慰安婦形成に関する研究)」로 박사학위 취득(2000)

■ 저서

『공동연구 일본군위안부(共同研究 日本軍慰安婦)』, (공저, 오오츠키서점, 1995)

『일본의 군대위안소제도와 조선인군대위안부(日本の軍隊慰安所制度と朝鮮人軍隊慰安婦)』 (아카시서점[明石書店], 2003)

『강제연행·강제노동의 연구 길라잡이)』(공저, 선인, 2005)

『패전 전후의 일본의 마이너리티와 냉전』(공저, 제이앤씨, 2006)

『한국과 일본의 역사인식』(공저, 나남, 2008)

『조선인 군위안부와 일본군위안소제도』(이학사, 2015)

『식민주의, 전쟁, 군'위안부'』(공저, 선인, 2017)

『덧칠된 기록에서 찾은 이름들』(공저, 한국여성인권진흥원 일본군'위안부'문제연구소, 2020) 등

■ 논문

「중일전쟁기의 조선인 군대위안부 형성(日中戦争期の朝鮮人軍隊慰安婦の形成)」『조선사연구회 논문집(朝鮮史研究会論文集)』제32호, 1994)

「조선인 군대위안부와 일본의 국가책임」『한국독립운동사연구』제11집, 1997)

「일본군'위안부'문제에 대한 일본사회의 인식–1990년대를 중심으로」『한일민족문제연구』제7호, 2004) 등

■ 관련 글

「와타리가와와 청소년, 그리고 역사인식(渡川と若者,そして歴史認識)」『계간 전쟁책임연구(季刊戦争責任研究)』제5호, 1994)

「오쿠노(奥野)의 군대'위안부' 망언에 관한 내용검증과 일본의 여론」『월간 독립기념관』1996년 8월호)

「서평: 요시미 요시아키, 『종군위안부』, 이와나미서점, 1995(吉見義明, 『従軍慰安婦』, 岩波書店, 1995年)」『일본식민지연구(日本植民地研究)』제9호, 1997)

「중국인 군대위안부 문제에 관한 연구 노트(中国人軍隊慰安婦問題に関する研究ノート)」『계간 전쟁책임연구(季刊戦争責任研究)』, 2000년 봄호)

「일본군위안부 문제에서 얻는 역사적 교훈」『내일을 여는 역사』제4호, 2002)

「'성'에 대해 사유한다 (『性』について考える)」『렛츠(Let's)』No.38, 일본전쟁책임자료센터, 2003)

「[역사수필] 역사문제로서의 일본군위안부」『역사의 창』가을호, 국사편찬위원회, 2006)

「서평자들에게 답한다: 조선인 군'위안부'를 둘러싼 민족과 젠더 논점」『사회와 역사』제111집, 2016) 외 다수